Д.В. НЕСТЕРОВА

# РОМАНТИЧЕСКАЯ КУХНЯ

МОСКВА
«ВЕЧЕ»

ББК 36.996
Н56

**Нестерова Д.В.**

Н56 Романтическая кухня / Д.В. Нестерова. — М. : Вече, 2007. — 256 с. : ил.

ISBN 978-5-9533-1658-3

Секреты обольщения, романтический гороскоп, чувственный массаж, ролевые игры, язык жестов, тайны поцелуев, искусство стриптиза, танец живота, зажигательная латина, магия ароматов, советы по выбору подарков и конечно рецепты блюд эротической кухни — все это, а также многое другое вы найдете на страницах этой книги. Приведенные в ней двадцать самых интересных и насыщенных сценариев свиданий помогут вам открыть для себя мир, полный романтики, любви и страсти.

Для широкого круга читателей.

ББК 36.996

ISBN 978-5-9533-1658-5

© Нестерова Д.В., 2007
© ООО «Издательский дом «Вече», 2007

# Введение

Несмотря на то что к каждому свиданию вы готовитесь по-разному, что зависит от того, где, когда и с кем вы намереваетесь встретиться, все они в той или иной степени похожи одно на другое. Одних устраивает такое положение вещей, других нет, но они предпочитают мириться с обстоятельствами, а третьи очень хотят сделать романтическую встречу эмоционально насыщенной, но не представляют, как этого добиться.

Особенно теряются женщины, которые впервые приглашают любимого к себе домой и не знают не только, как создать романтическую обстановку в квартире и какие блюда приготовить на ужин, но и как себя вести на подобной встрече. Стоит отметить, что многие представительницы прекрасной половины человечества, к сожалению, не имеют ни малейшего представления о том, как вообще вести себя с мужчинами, считая, что сердце избранника можно завоевать с помощью сексуального наряда, чувственных взглядов, кокетливых жестов и словарного запаса Эллочки-Людоедки. Этого вполне достаточно, чтобы разбудить сексуальное желание партнера, но ничтожно мало для того, чтобы построить с ним долговременные отношения, основанные на любви и взаимопонимании. И мало для того, чтобы испытывать в них всю гамму чувств и не спрашивать себя, любимы ли вы...

Благодаря этой книге вы узнаете не только о том, как лучше организовать то или иное свидание, что включить в его сценарий и какие блюда выбрать для романтического ужина, но и как добиться гармоничных отношений с избранником, став для него единственной и неповторимой.

шутке о том, что путь к сердцу мужчины лежит через желудок, несомненно, есть доля истины, и каждая представительница прекрасной половины человечества об этом прекрасно знает. Многие женщины очень любят готовить, а еще больше любят угощать родных и друзей своими кулинарными шедеврами. Ну а если дело касается романтического свидания, то в этом случае фантазия женщин не знает границ. Они прикладывают все свое мастерство, чтобы порадовать любимых вкусными и ароматными кушаньями.

## Секреты эротической кухни

*Блюда эротической кухни — это вовсе не приворотные зелья и не любовные эликсиры, а вкусные и полезные кушанья, приготовленные с добавлением афродизиаков. Познав тайны эротической кулинарии, вы станете для своего возлюбленного еще желаннее.*

Не всем известно, что в кулинарии существует целое направление под названием «эротическая кухня». Она включает в себя сотни рецептов блюд и напитков, предназначенных именно для романтических свиданий. Подобные кушанья готовят с добавлением так называемых продуктов-афродизиаков, стимулирующих любовное влечение и повышающих сексуальную активность.

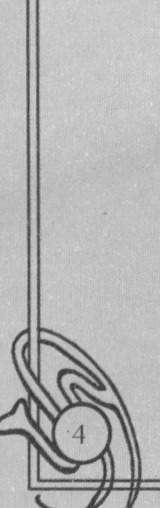

# Путь к сердцу…

Мужчина считает сексуальной ту женщину, которой ему максимально удалось продемонстрировать в постели свои сексуальные возможности. Именно поэтому, если вы хотите быть в жизни вашего любимого самой-самой, позаботьтесь об эротических стимуляторах — блюдах-афродизиаках.

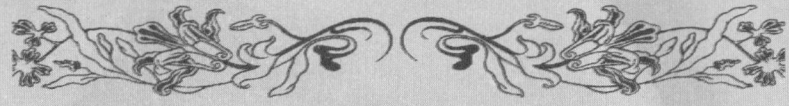

*Самыми лучшими афродизиаками считаются морепродукты, особенно устрицы и креветки, грецкие и кедровые орехи, спаржа, сельдерей, гранат, а также пряности — шафран, кардамон, имбирь, ваниль, гвоздика, мускатный орех.*

Какие же продукты следует использовать для приготовления блюд эротической кухни? Разумеется, вы можете готовить угощение для любимого из любых продуктов, однако не забывайте добавлять к ним те, что считаются мощными афродизиаками. А лучше всего, если основное блюдо для романтической встречи вы приготовите полностью из продуктов-афродизиаков.

**Артишок.** Возбуждающее действие артишока было известно еще в Древнем Риме — блюда из него очень любил Нерон. Известно также, что ненасытная в сексуальном плане Маргарита Наваррская, сестра французского короля Франциска I, угощала артишоками своих любовников.

*Спаржа* считается очень сильным сексуальным стимулятором. В Средние века во Франции в меню свадебного пиршества обязательно входило несколько блюд из спаржи, предназначенных для жениха и невесты.

Лук мы едим практически каждый день. Однако не все знают, что он тоже является афродизиаком. В Древнем Египте его считали священным растением и называли «мускусом бедняков». Употребление свежего лука почти всегда вызывает мгновенное сексуальное возбуждение. Именно поэтому блюда из него строго запрещены в монастырях.

*Мощным афродизиаком считается чеснок. Во французской кухне есть рецепт аигобулидо — любовного напитка, основными*

ингредиентами которого являются куриный бульон и чеснок.

*Грибы.* Возбуждающие свойства грибов связаны с повышенным содержанием в них цинка. Лучшими афродизиаками среди грибов являются трюфели и сморчки. Известно, что блюда из них обязательно входили в ежедневное меню Казановы. Они помогали ему поддерживать сексуальный огонь и восстанавливать силы после бурных ночей.

*Пророщенные злаки* богаты витамином Е — самым лучшим «сексуальным витамином». Считается, что нескольких капель масла из ростков пшеницы, добавленных в какой-либо салат, хватает, чтобы получить заряд сексуальной энергии на весь день.

*Укроп* в средние века считали колдовской травой и использовали для приготовления приворотного зелья. Также свежий укроп входит в состав русского народного средства от половой слабости.

*Сельдерей* улучшает кровоснабжение половых органов, тем самым повышая сексуальную активность. Известно, что мадам де Помпадур готовила блюда из сельдерея для Людовика XV.

*Черная икра* — это классическая пища возлюбленных. Она содержит много питательных веществ и быстро восстанавливает силы после занятий любовью.

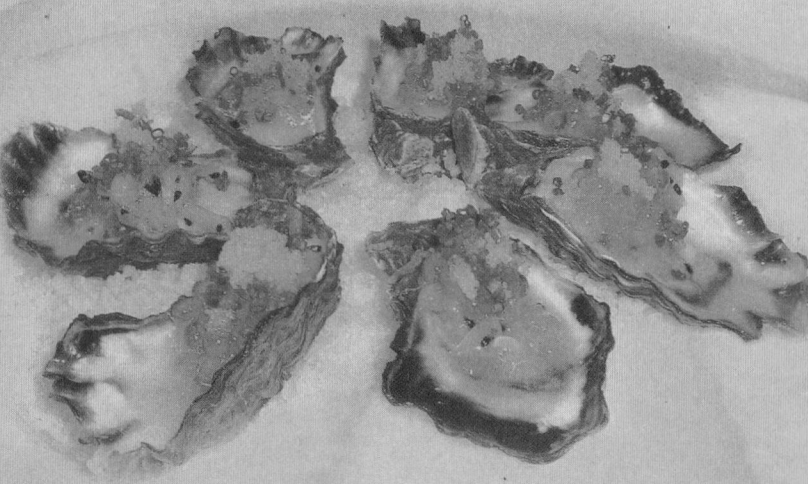

*Хрен* — одно из самых сильных возбуждающих средств. Всего лишь чайная ложка тертого хрена в несколько раз усиливает любовное желание.

*Устрицы.* Их мощное возбуждающее действие известно с древних времен. Считается, что для того, чтобы испытать невероятное по силе сексуальное желание, достаточно съесть всего несколько устриц.

*Яйца.* Благодаря высокому содержанию белка, яйца являются сильным сексуальным стимулятором. Мощным афродизиаком считается блюдо из яиц, жаренных на топленом масле, а также коктейль, приготовленный из яичных белков, сливок, молока, меда и мускатного ореха.

*Рыба*, как и морепродукты, является сильным афродизиаком. Особенно сильным возбуждающим действием обладают блюда из стерляди, осетра, камбалы и палтуса.

*Авокадо.* Возбуждающее действие этого фрукта известно давно. Так, Людовик XIV, чтобы решить

*Сильным афродизиаком считается морская капуста. Если вы приготовите любимому вкусный салат из ламинарии, яиц и сметаны, результат будет потрясающим.*

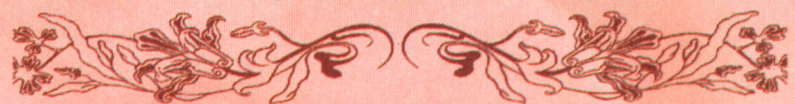

свои сексуальные проблемы, каждый вечер съедал авокадо.

**Банан** был признан сексуальным стимулятором не только благодаря своей фаллической форме. Этот фрукт содержит множество полезных веществ, повышающих не только настроение, но и потенцию.

**Кокос** весьма сильно повышает сексуальный аппетит. Доказано, что мякоть этого плода увеличивает количество спермы.

**Финики** содержат много сахара, который просто необходим тем, кто много занимается сексом. Кроме того, финики повышают потенцию и увеличивают количество спермы.

**Кедровые** и **грецкие орехи** — прекрасное возбуждающее средство. Считается, что для того чтобы добиться результата, достаточно съесть 20 кедровых или 2–3 грецких ореха.

**Миндаль** называют королем орехов. Еще в Древнем Китае и Индии его употребляли для поддержания хорошей потенции.

**Анис** — это афродизиак, о силе которого знал еще Овидий. В его трудах можно прочитать рецепт анисового напитка, предназначенного для повышения сексуальной активности.

**Ваниль.** Аромат этой пряности мужчины воспринимают как признак уверенности и безопасности. А мужчина, уверенный в своих силах, никогда не терпит поражение на любовном фронте.

*В Древней Греции мужчины для улучшения потенции каждое утро съедали немного меда, смешанного с оливковым маслом.*

***Имбирь.*** В переводе с китайского название этого растение означает «мужественность». Именно в Китае впервые стали использовать имбирь как средство, повышающее потенцию.

***Мед*** — это самое лучшее средство, заряжающее сексуальной энергией. Почти все рецепты сладких возбуждающих блюд содержат мед. Кстати, такое понятие, как «медовый месяц» пришло к нам из Древней Персии, где молодожены по традиции должны были ежедневно в течение месяца пить жидкий мед.

***Оливковое масло*** считается сильным афродизиаком и вместо традиционного растительного используется в эротической кухне для приготовления различных блюд.

***Топленое масло*** широко используется в индийской кухне, которая славится своими возбуждающими кушаньями. Тот факт, что оно увеличивает количество семенной жидкости и восстанавливает потенцию, в настоящее время обоснован научно.

***Шоколад.*** При его употреблении наш мозг выделяет серотонин — так называемый гормон удовольствия. В эротической кухне в основном используется темный шоколад с большим содержанием какао.

*К афродизиакам также относятся блюда из птицы, картофеля, бобовых и тыквы. Считается, что возбуждающими свойствами обладают и молочные продукты: сыр, творог, йогурт.*

# Формула любви

Согласно данным последних научных исследований, 90% информации, влияющей на чувства человека, он получает через обоняние. Оказывается, люди, сами того не осознавая, влюбляются или наоборот, отрицательно относятся к кому-либо из-за запахов.

Это открытие, за которое группа ученых в 2004 году получила Нобелевскую премию, стало настоящей сенсацией и послужило толчком к производству ведущими производителями интимной косметики: духов и туалетной воды с феромонами.

Сигналы феромонов (половых аттрактантов) распознаются специальным органом в носу — органом Якобса, или вомероназальным органом (VNO),

который чувствует феромоны и посылает в мозг соответствующий сигнал. Многие путают VNO с органами обоняния. Однако с ними он не имеет ничего общего: этот орган напрямую связан с той частью коры головного мозга, которая отвечает за сексуальное поведение.

Основной задачей духов с феромонами является привлечение сексуального внимания к своей персоне представителей противоположного пола.

В настоящее время выпускают как женские, так и мужские интимные духи и туалетную воду. Купить их можно практически в любом секс-шопе, а также в виртуальных магазинах интимных товаров. Духи наносят на запястья, область за ушами и шею.

А вот выработке нашим телом естественных феромонов способствуют эфирные масла, большинство которых относится к мощным афродизиакам. Поэтому, для того чтобы вызвать у любимого сильное сексуальное желание, достаточно ароматизировать комнату возбуждающими эфирными маслами. К ним относятся масло сандала, корицы, ванили, бергамота, пачули, иланг-иланга, жасмина, лаванды, розы, герани, нероли.

*Именно феромоны определяют индивидуальную сексуальную привлекательность каждого человека. Эти вещества невидимыми нитями способны соединить, казалось бы, абсолютно разных по темпераменту, характеру и вкусам людей.*

# Первое свидание

У вас замирает сердце от предчувствия встречи, которая, как вам кажется, будет незабываемой? Вы взволнованы и в то же время счастливы? Записались к парикмахеру и косметологу? Срочно приводите в порядок квартиру? Бегаете по магазинам в поисках сногсшибательного наряда? Все это является признаком того, что в ближайшие дни у вас состоится первое свидание. Возможно, оно вообще первое в вашей жизни, а может, первое именно с этим мужчиной. В любом случае оно первое в полном смысле этого слова и провести его необходимо на самом высоком уровне.

## Предварительная подготовка

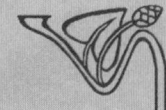

*Первое свидание — это романтическая прогулка, блеск в глазах, скромный букет, робкий поцелуй, прозрачные намеки и незабываемый восторг от необычных впечатлений, открывающих новую страницу в вашей жизни.*

И вот он наконец-то наступил — долгожданный день вашего первого свидания. И вы, наверное, не знаете, с чего же начать подготовку к столь важному для вас мероприятию, а если даже и знаете, то все равно сомневаетесь, правильно ли все делаете. Ведь как часто от первого впечатления друг о друге зависят дальнейшие отношения мужчины и женщины! И неважно, как они будут развиваться в будущем и будут ли развиваться вообще, воспоминания о первом свидании у вас обоих должны быть приятными. Это только ваш день и провести его надо так, чтобы как можно больше узнать друг о друге.

Но об этом речь пойдет позже, а пока необходимо начать так называемую предварительную подготовку — создать романтическую атмосферу, приготовить угощения и, разумеется, заняться собой.

сделали этот ответственный шаг, основательно подготовьтесь к встрече.

Для начала составьте список необходимых дел, то есть четко сформулируйте их мысленно или даже письменно, упорядочив по степени важности. Уборка квартиры, подготовка наряда, приготовление ужина, сервировка стола, создание романтической обстановки в комнате, визит к парикмахеру и косметологу и другие важные дела не следует откладывать на последний момент.

Метание по квартире со сковородой или утюгом за час до прихода долгожданного гостя вряд ли создаст у вас романтическое настроение. Лучше оставьте этот час про запас — он обязательно понадобится вам, чтобы расслабиться, отдохнуть, привести в порядок мысли и спокойно сверить свой список с осуществленными приготовлениями.

Если даже ваше первое свидание будет проходить в парке под луной, в стильном кафе, на дискотеке, в кино или на пляже, все равно не пренебрегайте приведенными ниже советами — они обязательно пригодятся вам в будущем, когда вы решитесь пригласить любимого к себе домой. А если вы уже

*Если вы твердо решили, что первое свидание будет проходить у вас дома и уже оповестили любимого о дне и времени встречи, уже нет смысла предостерегать вас от этого на первый взгляд необдуманного шага. Хотя только на первый взгляд. На самом деле, если вы уже переступили порог совершеннолетия, уверены в себе и в добрых намерениях своего гостя, вам нечего опасаться. Единственный и самый важный совет: отмените свидание, если поведение мужчины вызывает у вас подозрение, доверяйте не первому впечатлению от знакомства, а своей интуиции.*

способностями прямо с порога вы явно не будете, а вот ослепить любимого своей красотой вы сможете уже в первые секунды встречи. Поэтому наденьте костюм, который вам идет больше всего, подчеркивает все ваши достоинства и вместе с этим скрывает недостатки. Но при этом не выбирайте вызывающий и чересчур откровенный наряд.

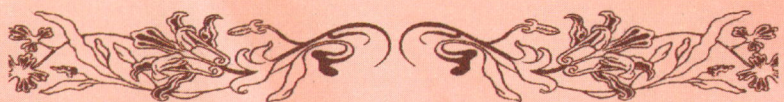

## Столовый этикет и романтическая атмосфера

*Вино в чайных чашках, бьющий в глаза яркий свет, грохот музыки, клеенка в клеточку, тарелки из разных сервизов, салат в вазе для фруктов, орешки в пепельнице, натянутый разговор и напряженная атмосфера... Вряд ли вы ждете от вечера чего-то подобного. Ведь романтическое свидание — это расслабляющие звуки музыки, искрящееся шампанское в высоких фужерах, полумрак, зажженные свечи, белоснежная скатерть, безупречная сервировка, чуть уловимый аромат духов, приятная беседа, комплименты, романтическое настроение и сияющие от счастья глаза...*

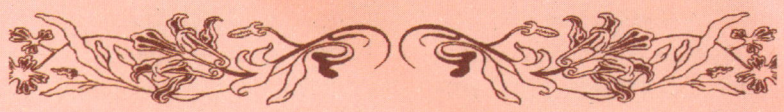

Рассуждать про уборку квартиры смысла нет, поскольку у каждого человека свои собственные представления о чистоте. Только вы можете знать, что именно вам необходимо привести в порядок. А вот советы по созданию романтической обстановки в комнате и сервировке стола лишними для вас не будут.

Немаловажную роль на первом свидании будет играть ваш наряд. Ведь вы прекрасно знаете поговорку «Встречают по одежке, а провожают по уму». Блистать своими интеллектуальными

Следует ли соблюдать правила этикета на романтическом свидании? Скорее всего, этот вопрос волнует вас не меньше, чем проблема выбора платья. С одной стороны, вам, конечно, хочется произвести положительное впечатление на нового друга, организовав вечер на высоком уровне, а с другой — вы опасаетесь оказаться в глупом положении, устроив из романтического ужина официальный прием. Последнего, разумеется, делать не следует.

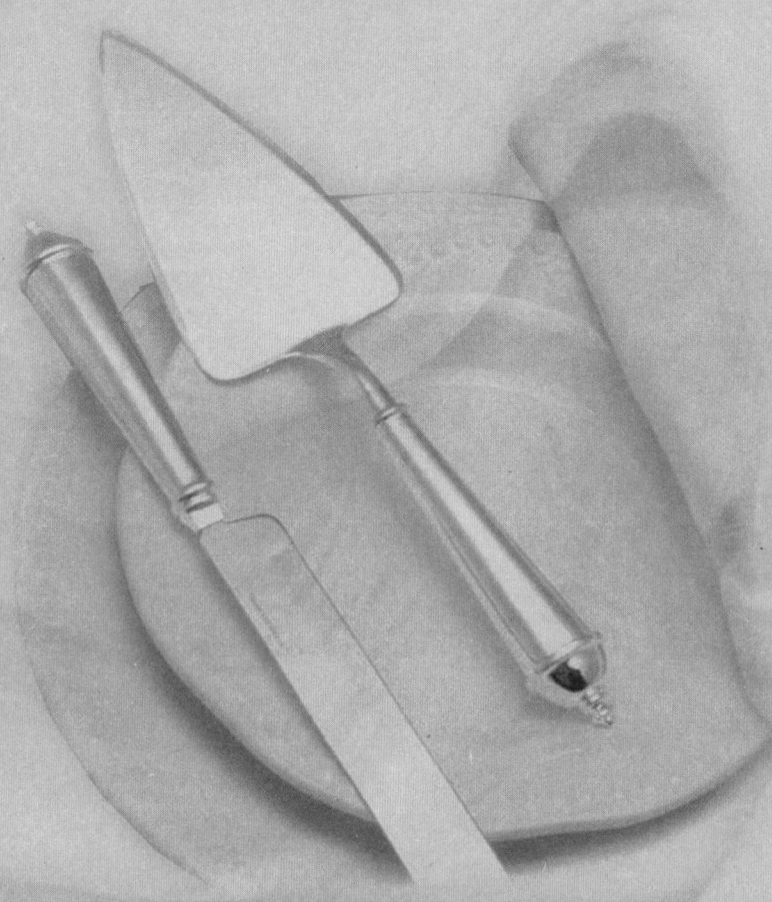

Вам всего лишь нужно придерживаться основных правил столового этикета, не обращая внимания на тонкости, которые, как бы вы ни старались, сразу ни за что не запомните. Впрочем, ни вам, ни вашему другу это ни к чему.

Если присутствие на свидании лучшей подруги или родителей не входит в ваши планы, сервировать стол следует на две персоны.

На середину стола поставьте свечи в подсвечниках и вазу с фруктами на низкой ножке. Предварительно покройте стол скатертью. Также на середине стола должна быть небольшая хлебница с тонко нарезанными ломтиками хлеба и судок с приправами. В зависимости от размера и расположения стола поставьте напротив друг друга два прибора — широкие мелкие тарелки, а на них закусочные. Справа от каждой тарелки положите нож (заточенной стороной к тарелке), а слева — вилку (выпуклой стороной вниз). Перед тарелкой поставьте фужер или рюмку (в зависимости от подаваемых напитков), а за ним, если позволяют размеры стола, — прибор для десерта. Салфетки сложите и положите поверх закусочной тарелки. Тарелки, салатницы, соусницы расположите по всей свободной площади стола так, чтобы вы оба смогли свободно до них дотянуться не вставая с места. Ко всем блюдам и закускам подайте приборы — ложки, вилки, лопатки. Бутылки с минеральной или фруктовой водой, вином, шампанским поставьте в разных местах стола. Открывать их следует непосредственно перед тем, как сесть за стол.

*Лучшее украшение стола — это живые цветы. Поставьте вазу с ними в центр стола. При этом букет не должен быть большим. В противном случае вам и вашему гостю придется постоянно отодвигать вазу или* вставать с места, чтобы увидеть друг друга.

Как видите, ничего сложного в сервировке стола нет. Главное, чтобы все было красиво и аккуратно. Помимо правил сервировки, вам необходимо ознакомиться и с правилами поведения за столом. Если вы будете всегда пользоваться перечисленными ниже советами, ваше поведение за столом ни у кого не вызовет претензий.

*Совет 1.* Садитесь за стол так, чтобы вам было удобно: не придвигайтесь вплотную к столу и не отдаляйтесь от него на расстояние, при котором вам придется наклоняться к тарелке.

*Совет 2.* Не ставьте на стол локти, на нем принято держать только кисти рук.

*Совет 3.* Салфетку положите на колени, а когда будете вставать из-за стола, положите слева от тарелки.

*Совет 4.* Хлеб берите руками, а не вилкой.

От него принято отламывать небольшие кусочки, а не откусывать от целого ломтика. Намазывать икру или масло также следует на небольшие кусочки, а не на весь ломтик.

*Совет 5.* Мясо ешьте с помощью вилки и ножа, но не разрезая сразу, а отделяя ножом маленькие кусочки.

*Совет 6.* Когда будете подавать кофе или чай, сахар и сливки подайте отдельно, а не доавляйте их заранее в напиток. Размешав сахар чайной ложкой, не оставляйте ее в чашке, а положите на блюдце.

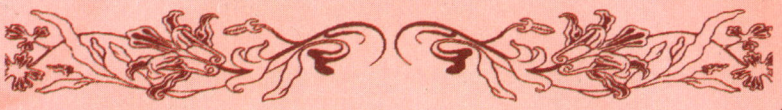

*Шампанское принято пить из высоких узких бокалов, которые следует держать за ножку.*

Соблюдая основные правила столового этикета, не забывайте, что вечер у вас все же романтический и атмосфера его должна быть соответствующей. А для этого следует создать в комнате романтическую обстановку. Прежде всего выключите верхний свет и зажгите настенный светильник или настольную лампу. Конечно, для романтического свидания лучше всего подходят свечи, но сразу их зажигать не следует. Сделайте это чуть позже — в самый разгар вечера.

Освещение в комнате должно быть приглушенным, но не настолько, чтобы вы едва различали силуэты друг друга. Кстати, чтобы оказаться в выигрышном положении, расположите источник света позади себя — в этом случае сгладятся все недостатки вашего лица. Немаловажную роль в создании романтической атмосферы играют запахи.

Ароматизируйте комнату вашим любимым эфирным маслом. Желательно выбирать нежные ненавязчивые запахи — такие, как ароматы розы, лаванды, жасмина. Они лучше других подойдут для первого свидания.

Также романтическую нотку вашему свиданию придаст правильно подобранная музыка. Она должна нравиться вам обоим, но в то же время не должна отвлекать вас от разговора. Лучше всего сделать подборку из зарубежных медленных композиций или включить инструментальную музыку.

Если вы оба заядлые меломаны и заинтересовались друг другом благодаря схожим музыкальным вкусам, превратите ваше первое свидание в романтическо-музыкальное и слушайте любимые вами обоими композиции.

*Вместо эфирного масла можно использовать ароматические свечи. Как и обычные, их нужно поставить в красивые подсвечники — на блюдце или в стакане они будут смотреться некрасиво.*

Кому не хочется быть проницательным и хотя бы иногда читать по взглядам или жестам окружающих людей их мысли? Это особенно актуально, когда вы очень плохо знаете человека и жадно ловите каждое его слово, стараясь понять его характер, жизненную позицию и отношение к вам. А знаете ли вы, что это можно выяснить, расшифровав язык жестов? Принимаемые вашим новым другом позы, его жесты при той или иной теме разговора, его взгляды и мимика помогут вам сделать весьма неожиданные открытия — возможно, приятные, а может быть, и не очень.

Хотите узнать, как к вам относится ваш избранник? Насколько искренни те слова, которые он вам говорит? Будет ли у ваших отношений продолжение? Чтобы выяснить это, не нужно отправляться к гадалке — достаточно всего лишь очень внимательно следить за жестами, позами и мимикой своего любимого.

Если мужчина считает вас привлекательной, при разговоре с вами он будет поднимать брови. Это непроизвольное движение длится всего секунду, но как нельзя лучше говорит о том, что вы сильно интересуете своего собеседника. Не меньший интерес выражают слегка приоткрытые губы и расширенные зрачки.

Если он постоянно поправляет галстук, одергивает футболку, заправляет рубашку, разглаживает несуществующие складки на своем пиджаке, знайте: ваш избранник стремится вызвать у вас симпатию. Кстати, если мужчина поправляет в вашем присутствии носки, это является 100%-ной гарантией того, что он хочет вам понравиться. Об этом же говорит взъерошивание или приглаживание волос.

*Психологи уверены, что жесты — это своего рода скрытый язык, который зачастую бывает важнее речи. Ведь человек не всегда говорит то, что думает, а вот по жестикуляции можно угадать его тайные мысли.*

На внимание по отношению к вам указывает поза мужчины во время разговора. Если он стоит прямо напротив вас, слегка наклонившись, это говорит о его заинтересованности не только беседой, но и вами. А если мужчина стоит слева или справа от вас, при этом у него бегающий или отсутствующий взгляд, значит, ни разговор, ни вы сами ему не нужны. Если вы сидите рядом, об интересе к вам будет сигнализировать расположение избранника на ближнем к вам крае стула. Если мужчина откровенно рассматривает вас, это говорит о его сексуальных намерениях по отношению к вам. Дело в том, что мужчина

*В общении с женщинами мужчины используют в среднем около 10—12 жестов, тогда как женщины — более 50. И практически любая представительница прекрасной половины человечества может научиться читать мысли и угадывать желания своего любимого, оставаясь в то же время для него загадкой.*

успевает рассмотреть все его интересующее в ту самую секунду, когда обращает на вас внимание, а его откровенный и долгий взгляд, буквально раздевающий вас, должен служить сигналом его нескрываемого сексуального интереса. Об этом же говорит перекатывание бокала между ладонями и поглаживание его.

Когда у мужчины есть сексуальный интерес к женщине, он подсознательно начинает играть с круглыми предметами.

Если он хочет вызвать подобный интерес у вас, он будет сидеть широко разведя ноги или стоять, засунув большие пальцы рук в карманы брюк или за ремень.

А вот постоянное застегивание и расстегивание пуговицы на рубашке, прикосновения к лицу, потирание глаз, щек, подбородка и другие нервозные движения говорят о том, что поклонник нервничает в вашем присутствии и, возможно, даже боится вас.

Если мужчина кладет руку на ваше плечо или спину, он боится, что вы ускользнете от него. И хотя подобные жесты не всегда свидетельствуют о его хорошем воспитании, тем не менее они говорят о симпатии или даже влюбленности.

Если вы замерзли, и мужчина предлагает вам свой пиджак или свитер, знайте: он считает вас своей собственностью, готов защищать и оберегать вас.

Если при разговоре с вами собеседник подпирает рукой подбородок, зевает или, закрыв глаза, потирает веки — ему скучно. Узнать, что он говорит вам неправду, вы тоже можете по его жестам: при разговоре он будет постоянно прикасаться указательным пальцем к носу или, если он носит очки, поправлять их. Если же при беседе он периодически поднимает руки ладонями вверх или разводит их, можете смело верить всему, что он говорит.

Сжатые в кулаки кисти свидетельствуют о его напряженности, а иногда и об агрессии. Если при этом собеседник прячет большой палец под остальными, это говорит о его скрытности.

Руки, сложенные крест-накрест на груди, говорят о том, что пока ваш избранник не хочет открывать вам свои намерения и к тому же не желает, чтобы вы посягали на его свободу. Если таким же образом он сложил руки на животе или на бедрах, даже не пытайтесь его соблазнить — вы явно не в его вкусе.

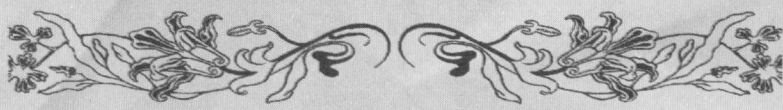

*Если мужчина сложил руки на груди, откинулся на спинку стула и положил ногу на ногу, он внимательно слушает вас. Но интересует его только тема разговора, а не вы сами.*

## Романтический гороскоп

*Вам известно, кто ваш избранник по знаку Зодиака? Вы мечтаете о развитии ваших отношений? Попробуйте стать идеалом для любимого, ориентируясь на его предпочтения и мечты, о которых вам расскажет его романтический гороскоп.*

Если вы относитесь к тем людям, которые доверяют астрологам больше, чем своим предпочтениям и интуиции, и считают, что совместимость мужчины и женщины зависит в основном от их знака Зодиака и года рождения, этот раздел предназначен именно для вас. Гороскоп поможет вам лучше разобраться в характере своего нового друга и узнать, в чем он видит настоящую романтику и каких женщин считает самыми привлекательными.

**Овен.** У него сильный характер и прекрасное чувство юмора. Но, наряду с этим, он хвастлив и не всегда тактичен. Иногда может проявлять агрессивность. Овен — один из самых сексуальных знаков, в любви он непостоянен, но в то же время требователен и ревнив. С ним нельзя рассчитывать на размеренную домашнюю жизнь. Романтика в его понимании — это веселые и шумные вечеринки. Ему нравятся привлекательные и умные женщины, целью жизни которых является забота о нем.

*Телец.* Это настоящий мужчина — терпеливый, сильный, волевой, упрямый, трудолюбивый, всегда добивающийся своей цели. Свою избранницу он считает собственностью и ревнует даже к ее лучшим подругам. Романтику он видит в поездках на природу и домашнем уюте. Ему нравятся слабые женщины, которых необходимо оберегать и защищать.

*Близнецы.* Его самыми характерными чертами являются непредсказуемость и скрытность. Он умен, образован, энергичен, влюбчив и свободолюбив. Легко завязывает знакомство и так же легко расстается с женщиной, как только чувствует, что она намеревается подчинить его себе. Романтика в его понимании — это ужин при свечах с прекрасной незнакомкой, женщиной-загадкой. Ему нравятся женщины, которых нужно завоевывать.

*Большинство мужчин, относящихся к знакам Земли, боятся высоты. Если ваш избранник Телец, Дева или Козерог, не ставьте его в неловкое положение, предлагая ему отправиться в горы, покататься на колесе обозрения, устроить пикник над обрывом или прогуляться под луной по крыше.*

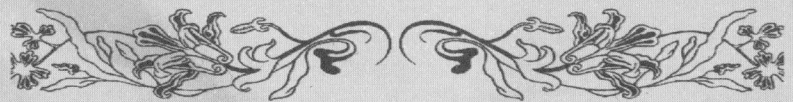

*Рак.* Он мечтатель и идеалист с тонкой душевной организацией. Сентиментален, педантичен, скрытен, романтичен и эмоционально неустойчив. Ему нравятся красивые и остроумные женщины, относящиеся серьезно к любви и браку. От избранницы он требует чистоплотности, аккуратности, преданности и постоянных уверений в любви и верности.

Романтику он видит в тихом поэтическом или музыкальном вечере наедине с любимой. Его идеал — красивая женщина, умеющая создать домашний уют. Часто он выбирает жену, похожую на свою мать.

*Лев.* Это открытый человек, имеющий незаурядные способности руководителя. Он любит лесть, экспансивен, щедр, контактен, весел, тщеславен, влюбчив, пылок, настойчив и ревнив. Иногда становится настоящим тираном для своих подчиненных и членов семьи.

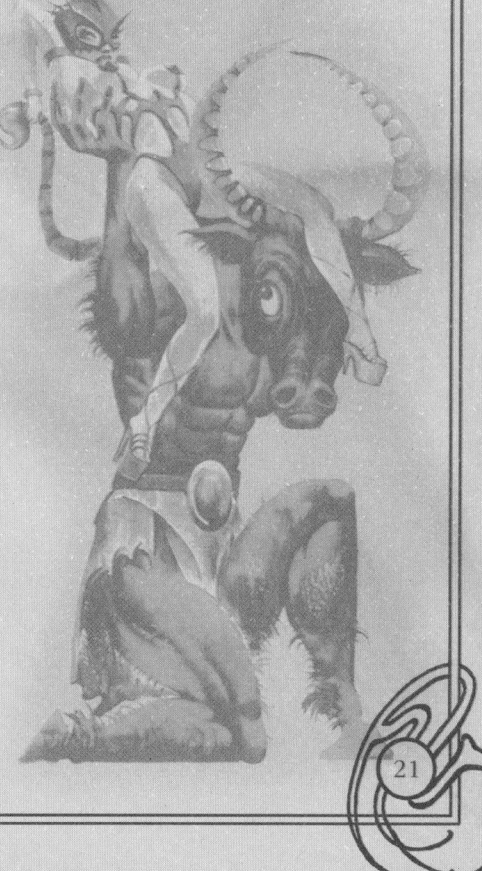

Романтика в его понимании — это приключения, риск, борьба и очаровательная женщина, которая его обожает. Ему нравятся ухоженные, остроумные и вспыльчивые женщины с сильным характером, одевающиеся ярко и несколько вызывающе.

*Дева.* Самый практичный и проницательный из всех знаков. Его интересует только то, что способствует увеличению его состояния и карьерному росту, но этот человек никогда не принимает необдуманных решений. Он всегда просчитывает вероятность риска и руководствуется только фактами. Он умен, образован, редко ошибается в выборе друзей, жены и любовницы, но считает, что все близкие ему люди обязаны жить только по его правилам. Он не терпит тупости и суеты, не умеет расслабляться и отдыхать. Неромантичен и любит добрых спокойных женщин, которые мало говорят и внимательно слушают его рассуждения о карьерных планах, хобби и претворении в жизнь новых идей.

*Весы.* Это самый гармоничный, справедливый, добрый и тактичный из всех знаков. У него отличная интуиция и обмануть его невозможно, поэтому он удачлив практически во всем. Он любит порядок, спокойствие, размеренную и красивую жизнь. Легко влюбляется, делая для своей избранницы все, что она захочет. Романтика для него — это поход в театр, в кино, на концерт, в музей или ужин в уютном ресторане с живой музыкой.

*Если у вас свидание с Весами, обязательно наденьте вечернее платье, туфли на высоком каблуке и сделайте красивую прическу. Ваш избранник обязательно оценит это.*

*Скорпион.* Его характерными чертами являются страстность, эмоциональность, непредсказуемость и отсутствие должного самоконтроля. В отношениях с окружающими у него присутствует элемент борьбы и соревнования. Он не понимает слова «нет», ожидая от близких полного подчинения, никогда не идет на компромисс и не способен проявлять снисходительность. Романтика для него — это сексуальное наслаждение, просмотр эротического фильма, откровенные разговоры о любви и сексе. Ему нравятся сексуальные, страстные и неординарные женщины, потакающие его слабостям и эротическим предпочтениям.

***Стрелец.*** Это самый веселый и остроумный знак. Он обаятельный, сентиментальный, чувствительный, энергичный и остается оптимистом даже после разочарования в дружбе и любви. Он не любит обязательств, в том числе любовных и семейных, и всегда сопротивляется, если женщина пытается стать для него единственной и неповторимой. Романтика в его понимании — это уединение с соблазнительной женщиной, зажженные свечи, приятная музыка, шампанское, фрукты и пьянящий аромат духов. Ему нравятся утонченные умные женщины, способные превратить его жизнь в сказку.

***Козерог.*** Это очень осторожный, практичный и целеустремленный знак. Внешне он всегда спокоен, но это лишь маска, позволяющая ему скрывать свои чувства, мысли и страстность от окружающих. Он жаждет романтической любви, но еще больше одержим желанием сексуального наслаждения, поэтому часто бывает неразборчив в связях. Романтика для него — это сентиментальное свидание, финалом которого является бурная сексуальная близость. Козерогу нравятся чувственные женщины, обожающие сюрпризы, розыгрыши и приключения.

***Водолей.*** Его характерными чертами являются щедрость, открытость, участливость и общительность.

него имеет значение только ум, порядочность и сексуальность избранницы. Он легко сближается с понравившейся ему женщиной, искренне считая ее своим идеалом, и так же легко расстается с ней, отправляясь на поиски нового идеала.

**Рыбы.** Это самый мечтательный знак, но мечты его часто далеки от реальности. Он страстен, восприимчив и легко подается влиянию окружающих. У него часто бывает плохое настроение, он постоянно впадает в депрессию. Самым романтичным он считает свидание на уединенном пляже или, в крайнем случае, на лавочке у фонтана. Ему нравятся чувственные, эмоциональные, самодостаточные и властные женщины.

*Если ваш избранник по гороскопу Рыбы, не относитесь серьезно к тому, что он говорит. Все Рыбы — фантазеры и часто рассказывают о несуществующих событиях своей жизни, придумывая их на ходу.*

## Кулинарный приворот

*Согласно древней легенде богиня любви Афродита оставила земным женщинам не только множество рецептов блюд, позволяющих поддерживать в мужчинах огонь страсти, но и мудрый совет: «Пусть твой избранник вкушает любовные явства, ибо не та дева достойна стать богиней, которая может утолить страсть, а только та, которая эту страсть способна возбудить».*

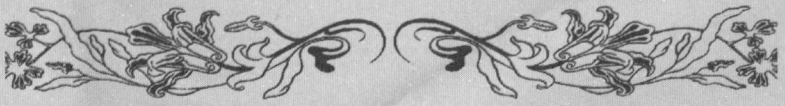

Именно на первом свидании вы должны показать все свои кулинарные таланты, приготовив те блюда, которые у вас получаются лучше всего. И не забудьте о продуктах-афродизиаках — кушанья из них обязательно нужно включить в меню.

Однако в любви он робок и пассивен и всегда ждет, когда женщина сделает первый шаг. Это самый романтичный знак. Он любит поэзию, музыку, живопись и может часами любоваться природой. Романтика для него — это встреча с умной, утонченной, нежной женщиной на собственной территории. Он любит готовить, накрывать стол, создавать интимную атмосферу. И у него это очень хорошо получается, поскольку он обладает отличным вкусом и незаурядными кулинарными способностями. Водолею нравятся самые разные женщины — высокие и маленькие, полные и худые, спокойные и темпераментные, скромные и общительные. Для

Если вы совсем не умеете готовить или желаете порадовать своего гостя чем-либо необычным, воспользуйтесь приведенными ниже рецептами — вряд ли ваш друг останется равнодушным к такому угощению. И даже если ваши отношения ни к чему не приведут, вы приобретете в его лице почитателя своего кулинарного таланта.

## Корзиночки с креветками

*6 корзиночек из песочного теста, 6 крупных креветок, 1 помидор, 1 апельсин, 4 столовые ложки консервированной кукурузы, 1 столовая ложка оливкового масла, 2—3 веточки петрушки, соль.*

Креветки отварите в подсоленной воде, очистите. Помидор вымойте, нарежьте маленькими кубиками. Апельсин вымойте, нарежьте тонкими ломтиками вместе с кожурой. Зелень петрушки вымойте. Смешайте помидор, апельсин и кукурузу, добавьте оливковое масло, посолите и перемешайте. Разложите приготовленную смесь по корзиночкам, положите в каждую по креветке и украсьте закуску листиками петрушки.

## Трубочки из колбасы

*250 г телячьей колбасы, 200 г маринованной капусты, 2 столовые ложки консервированной кукурузы, 1 помидор, 1 пучок зеленого салата, 3—4 пера зеленого лука, 1—2 веточки укропа.*

Зеленый лук, укроп и листья салата вымойте. Помидор вымойте, нарежьте тонкими кружочками. Колбасу нарежьте тонкими ломтиками, положите на каждый немного маринованной капусты, сверните в виде трубочек и обвяжите перьями зеленого лука. Листья салата выложите на тарелку, на них положите трубочки из колбасы. Украсьте кружочками помидоров, консервированной кукурузой и веточками укропа.

# Салат «Встреча»

*200 г маринованных шампиньонов,
100 г замороженной стручковой фасоли,
2 клубня картофеля,
1 красная луковица,
1 морковь, 2 столовые ложки оливкового масла,
1 столовая ложка майонеза, соль.*

Картофель и морковь вымойте, отварите в подсоленной воде, охладите, очистите. Морковь нарежьте полукружиями, картофель – кубиками. Фасоль отварите в подсоленной воде, охладите, откиньте на сито, нарежьте небольшими кусочками. Лук очистите, вымойте, нарежьте кольцами. Грибы разрежьте пополам. Смешайте грибы, фасоль, картофель и морковь, посолите, заправьте маслом и перемешайте. Выложите в салатник, украсьте майонезом.

## Морская рыба с овощами

*500 г морской рыбы, 4 клубня картофеля, 200 г брокколи, 3 столовые ложки оливкового масла, 1 столовая ложка панировочных сухарей, 1 столовая ложка лимонного сока, 1 небольшая луковица, 2—3 веточки укропа, соль и перец.*

Подготовленную рыбу нарежьте порционными кусками, сбрызните лимонным соком, посолите, поперчите, обваляйте в панировочных сухарях и обжарьте в 2 столовых ложках сливочного масла. Картофель вымойте, отварите в подсоленной воде, очистите, нарежьте кружочками и сбрызните оставшимся маслом. Брокколи вымойте, разделите на соцветия, отварите в подсоленной воде. Лук очистите, вымойте, нарежьте кольцами. Укроп вымойте. Рыбу, картофель и брокколи разложите по тарелкам, украсьте веточками укропа и кольцами лука.

# Свидание в восточном стиле

Придать романтическому свиданию восточную нотку не так просто, как кажется на первый взгляд. Не зря говорят, что «Восток — дело тонкое», и поэтому вам нужно приложить максимум усилий, чтобы для вас и вашего любимого этот вечер стал незабываемым.

## Атмосфера восточной неги

*Сладкие ароматы корицы и ванили, будоражащий чувства запах сандала, атласные подушки и приглушенный свет, чарующая музыка, звон монист и браслетов... Попробуйте окунуться в сказочную атмосферу, устроив романтическое свидание в восточном стиле.*

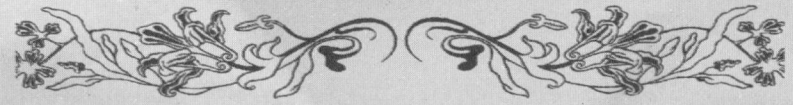

Первое, что вам необходимо сделать, — это создать в комнате соответствующую атмосферу. Для ужина сервируйте низкий столик, застеленный парчовой или шелковой скатертью. Под каждый прибор положите шелковую салфетку, цвет которой должен быть контрастным по отношению к тону скатерти. Около столика киньте атласные подушки — они заменяют на Востоке традиционные для европейцев стулья. Создайте в комнате полумрак, задернув шторы. В качестве источника освещения подойдут бра. Если свет слишком яркий, вы можете накинуть на

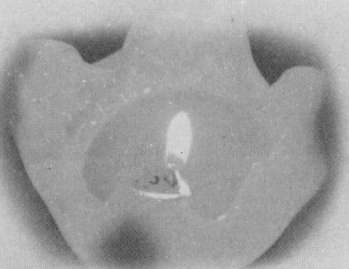

светильники шелковые платки с восточным орнаментом.

Музыка для свидания в восточном стиле, разумеется, должна быть восточной. Заранее запишите понравившиеся вам композиции на диск в той последовательности, в которой они, по вашему мнению, должны звучать во время романтического вечера.

Чарующую атмосферу восточного уюта придадут вашей комнате ароматические свечи. Сладкий аромат ванили, возбуждающие запахи сандала и бергамота создадут у вас соответствующее настроение.

Меню романтической трапезы в восточном стиле продумайте заранее. В зависимости от предпочтений вашего любимого вы можете приготовить плов, шашлык, салаты из свежих овощей и восточный десерт. На столе обязательно должны быть спелые фрукты и, конечно, ароматное вино.

Когда предварительная подготовка будет закончена, займитесь своим перевоплощением. Примите расслабляющую ванну с добавлением нескольких капель ароматического масла и приступите к созданию образа обаятельной, грациозной, чувственной и одухотворенной восточной красавицы.

*Традиционный наряд сказочной восточной красавицы — это длинная юбка или шаровары, расшитый блестками бюстгальтер или корсет и набедренный пояс.
В качестве костюма хорошо подойдет туника с поясом, украшенная монистами. Если подобные вещи отсутствуют в вашем гардеробе, наденьте тот наряд, который ассоциируется у вас с образом восточной красавицы, и не забудьте об украшениях.*

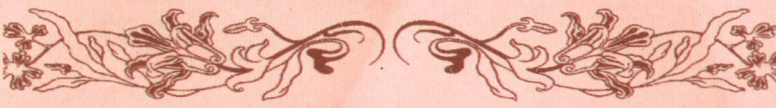

Прежде всего постарайтесь войти в выбранный образ. Надев блестящий восточный костюм и множество украшений, вы вряд ли сразу почувствуете

себя загадочной восточной женщиной. Поэтому важно настроиться на определенный лад и избавиться от всех отрицательных эмоций, а также от страха быть не понятой вашим любимым.

## Чарующие восточные ароматы

*Окунуться в волнующую атмосферу восточной неги вам помогут ароматические масла. Ведь с помощью запахов вы можете не только передать свои чувства к любимому и вызвать его ответную реакцию, но и создать поистине сказочную обстановку.*

Как уже отмечалось выше, большинство эфирных масел относится к афродизиакам. Поэтому, если вы решили ароматизировать комнату и принять ванну с добавлением нескольких капель эфирного масла, вам следует серьезно отнестись к составлению ароматической композиции.

Дело в том, что каждое эфирное масло оказывает на человека определенное действие. Одни ароматы успокаивают, другие тонизируют, третьи повышают сексуальную активность. Чтобы добиться необходимого результата, важно правильно составить композицию. И поскольку в вашем случае следует выбирать восточные ароматы, то состав для ароматизации следует делать именно из них.

Традиционно восточными считаются ароматы корицы, ванили, сандала, муската, пачули, иланг-иланга, яблока, имбиря. Они хорошо сочетаются с запахом цитрусовых — лимона, апельсина, мандарина и грейпфрута, а также с ароматом жасмина и бергамота.

Ярко выраженным сексуальным действием обладают ароматы сандала, муската, иланг-иланга, корицы, жасмина и бергамота. Запах ванили успокаивает, пачули тонизирует, а ароматы цитрусовых вносят в любую композицию освежающую нотку.

Чтобы придать свиданию эротическую нотку, смешайте несколько капель масла сандала, муската, жасмина, корицы и лимона и ароматизируйте комнату с помощью аромалампы. Если вы, напротив, хотите создать атмосферу восточного уюта, расслабиться и провести наедине с любимым тихий вечер, выберите ароматическую композицию из ванили и мандарина.

*Составляя ароматическую композицию, соблюдайте указанную на этикетках масел дозировку. Так, для ароматизации комнаты площадью 15—20 м² вам будет*

достаточно 3—4 капель масла. Столько же масла потребуется и для принятия ванны. Если вы планируете сделать любимому эротический массаж, добавьте в массажный крем 1—2 капли смеси ароматических масел.

## Чувственный восточный танец

*Язык тела — самый лучший способ выразить свои чувства к любимому. Любой восточный танец является магическим. Чувственные телодвижения и пламенные взгляды восточных танцовщиц не оставляют равнодушным ни одного мужчину.*

Сценарий свидания лучше продумать заранее. Возможно, вам захочется исполнить для своего любимого восточный танец. Но прежде чем воплощать задуманное, научитесь выполнять хотя бы несколько танцевальных элементов.

Восточный танец считается одним из самых красивых и чувственных. И вряд ли ваш любимый откажется от столь экзотичного зрелища. Поэтому, если вы включили танцевальный номер в программу свидания, будьте уверены — этот романтический вечер ваш любимый запомнит на всю жизнь.

Прежде всего вам нужно усвоить, что в традиционном восточном танце все движения изолированы друг от друга. Другими словами, если вы вращаете бедрами, верхняя часть вашего тела должна оставаться неподвижной. И это не так сложно, как кажется на первый взгляд.

Основными элементами восточного танца являются скользящие шаги, сопровождающиеся круговыми или волнообразными движениями бедер, волны и круги, выполняемые грудной клеткой, скольжения головой вперед, назад и в стороны, а также плавные движения руками.

Весь танец, как правило, состоит из трех или четырех частей. Сначала идут медленные движения, затем быстрые. В финальной части танца выполняются движения в среднем темпе. Иногда в конце танца повторяют медленные движения, делая их сидя или лежа на полу.

Все движения восточного танца, в том числе и быстрые, должны быть плавными, а части танца — перетекать одна в другую. Этот танец не терпит пауз, промедления, а также резких движений.

## Восточный эротический массаж

*Изысканный восточный массаж в сочетании с ароматами восточных благовоний и в сопровождении утонченной восточной музыки доставит вашему любимому незабываемое удовольствие.*

Если вы не настроены исполнять восточный танец, но при этом не хотите, чтобы ваше свидание прошло обыденно, включите в его сценарий восточный массаж, разумеется, в том случае, если ваши отношения с любимым позволяют это.

Освоить технику восточного массажа несложно. Главное — запомнить, что он выполняется не только руками.

Для разминания и поглаживания тела массируемого массажист использует все части своего тела. Крупные мышцы раз-

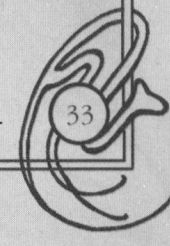

*Восточный массаж возник в глубокой древности в странах Малой и Средней Азии, а некоторые его элементы сходны с техникой массажа, используемой народами Латинской Америки и Африки.*

минают ступнями, коленями и локтями, а мелкие — пальцами рук.

В эротическом восточном массаже преобладают поглаживающие скользящие движения, выполняемые обнаженным телом. Для начала приготовьте массажное масло из смеси оливкового и нескольких капель возбуждающих эфирных масел. Нанесите немного смеси на свои ладони и мягкими движениями распределите его по всему телу любимого.

Начните массаж с задней поверхности ног. Сначала разомните ладонями ступни, а затем скользящими движениями продвигайтесь вверх. Локтями помассируйте бедра и, обойдя их внутреннюю поверхность, перейдите к массажу спины, который вы можете выполнить ступнями: по очереди ставьте ступни на спину партнера и разминайте ее снизу вверх до области лопаток. Далее приступите к массажу плеч и задней поверхности шеи, массируя эти области пальцами или всей поверхностью ладоней.

Кончиками пальцев разомните затылочную область и проведите несколько раз по волосам любимого ладонью. Затем приступите к массажу всей поверхностью тела. Лягте на партнера, опираясь на свои руки и ступни, и сделайте несколько волнообразных движений, прикасаясь к его телу грудью, бедрами и коленями. После этого проведите ладонями по ягодицам массируемого и кончиками пальцев по внутренней поверхности его бедер.

Теперь переходите к массажу передней поверхности тела. Попросите любимого лечь на спину и снова начните массаж с ног, массируя их снизу вверх — от ступней до бедер. Затем круговым движением по часовой стрелке погладьте область живота, проведите ладонями по груди, шее и лицу.

Если у вас длинные волосы, наклонитесь так, чтобы ваши локоны скользили по груди любимого. Теперь снова лягте сверху, опираясь на руки и колени, и сделайте несколько скользящих движений вперед и назад.

Закончить массаж вы можете поглаживаниями, прикосновениями к эрогенным зонам и, конечно, поцелуями.

*Восточный эротический массаж — это целая гамма новых чувств и эмоций. Делая любимому массаж, вы поможете ему расслабиться, получить ни с чем не сравнимое удовольствие, а также открыть новые эрогенные зоны и высвободить сильнейшую сексуальную энергию, таящуюся в них.*

# Тайны восточной кухни

*Восток — это сказки Шахерезады, сверкающие россыпи драгоценностей, таинственные красавицы и, разумеется, сказочные пиршества с обилием фруктов и ароматного вина.*

Блюда восточной кухни имеют древние, отшлифованные множеством поколений искусных поваров традиции приготовления. Характерной особенностью технологии приготовления восточных блюд является раздельность операций с последующим объединением разных частей блюда. Например, для приготовления традиционного плова мясо обжаривают отдельно от лука и моркови, а затем уже соединяют продукты и продолжают их тепловую обработку.

Особенно славится восточная кулинария кондитерскими изделиями. Даже из таких продуктов, как баклажаны, зеленые помидоры, арбузные корки и незрелые грецкие орехи, на Востоке делают оригинальные, изысканные по вкусу и аромату десерты.

В восточной кулинарии преобладают мясные блюда: шашлык, кучучи, плов и т. д. Огромную роль в ней играют овощи, фрукты и ягоды. Их употребляют в сыром, сушеном, маринованном и квашеном виде, а также добавляют в супы и вторые блюда. Так, в мясные кушанья чаще всего кладут яблоки, айву, курагу и грецкие орехи, в рыбные — лимон и кизил, а в грибные — алычу, чернослив и изюм.

Основу овощных восточных блюд составляют баклажаны, тыква и бобовые (горох, чечевица, фасоль), к которым добавляют другие овощи, а также фрукты, пряности и молоко.

Излюбленными пряностями на Востоке являются черный перец, эстрагон, кинза, мята, базилик, чабрец, лук и чеснок. В кондитерские изделия всегда кладут корицу, кардамон, гвоздику, шафран и ваниль.

*Используемые для приготовления восточных блюд мускатный орех, перец, гвоздика, шафран, имбирь, розмарин и многие другие ароматические приправы являются мощными афродизиаками и как нельзя лучше повышают сексуальную активность.*

## Фруктовый десерт

*400 г мякоти дыни, 2 банана, 2 киви, 2 чайные ложки белого вина.*

Мякоть дыни нарежьте кубиками. Бананы и киви вымойте, очистите. Бананы нарежьте кружочками, киви — полукружиями.

Фрукты выложите в креманки слоями: дыня, бананы и киви. Каждый слой сбрызните белым вином.

## Торт «Лейла»

*16 яиц, 300 г пшеничной муки, 500 г сахара, 50 г порошка какао, 500 г сливочного масла, 100 г сгущенного молока, 100 г шоколада, 100 г ядер грецких орехов, 1 пакетик ванильного сахара, 100 мл молока, 3 чайные ложки оливкового масла, 1 чайная ложка растворимого кофе.*

14 яиц разбейте, аккуратно отделите белки от желтков, желтки смешайте со 150 г сахара и взбейте. Белки взбейте с ванильным сахаром. В желтковую смесь добавьте муку, белки, какао и измельченные ядра грецких орехов. Тесто осторожно перемешайте снизу вверх, разделите на 3 части. Одну часть выложите в смазанную оливковым маслом (1 чайная ложка) форму. Выпекайте в разогретой до 160 °C духовке в течение 15 минут. Таким же образом выпеките остальные коржи.

Сгущенное молоко взбейте со 150 г сливочного масла. Коржи остудите, смажьте каждый приготовленным кремом, положите один на другой. Молоко доведите до кипения, добавьте оставшийся сахар, варите, помешивая, на слабом огне 10 минут.

Оставшиеся яйца взбейте, помешивая, влейте горячий сироп, процедите, остудите. Кофе растворите в 1 столовой ложке горячей воды, остудите, смешайте с сиропом. Оставшееся сливочное масло взбейте, добавляя к нему частями сироп. Крем переложите в кондитерский шприц. Шоколад натрите на мелкой терке.

С помощью кондитерского шприца украсьте верх торта розочками из крема, посыпьте шоколадом.

37

# Десерт «Гурия»

2 апельсина, 2 груши, 2 хурмы, 2 столовые ложки сиропа из лепестков роз, 2 столовые ложки кокосовой стружки.

Фрукты вымойте. Груши и хурму разрежьте пополам, удалите косточки, нарежьте ломтиками. Апельсины очистите, разделите на дольки и очистите каждую от пленки. Подготовленные фрукты смешайте, разложите по тарелкам, полейте сиропом из лепестков роз и посыпьте кокосовой стружкой.

# День святого Валентина

Если вы целый год скрывали свои чувства, ища какой-либо повод или ожидая, когда ваш любимый сделает первый шаг, назначьте нарушителю вашего сердечного спокойствия свидание в День святого Валентина. Ведь в этот день необязательно что-то говорить: приготовьте любимому романтический ужин, подарите валентинку, украсьте комнату цветами, наденьте свое самое красивое платье и, поднимая бокал с шампанским, просто посмотрите ему в глаза с нежностью и любовью... И если вы прочтете во взгляде дорогого вам человека то же самое, произнесите наконец эти три заветных слова: «Я тебя люблю!»

## Традиции праздника

*День святого Валентина — самое лучшее время, чтобы открыть свое сердце любимому человеку. Так почему бы вам не взять инициативу в свои руки? А чтобы ваше признание превратилось в настоящую сказку, которая запомнится на всю жизнь, устройте в этот день самое необычное романтическое свидание.*

День всех влюбленных отмечают уже более 18 веков. В 269 году император Юлий Клавдий II запретил воинам жениться, поскольку его армия испытывала недостаток солдат. Однако священник по имени Валентин тайно проводил свадебные обряды. Узнав об этом, император заключил его под стражу. За несколько дней до казни к священнику привели девушку, которая была тяжело больна. Валентин исцелил ее. За день до казни он попросил у тюремщика бумагу и чернила и написал девушке письмо. 14 февраля 670 года его казнили, а девушка, открыв в этот день письмо, прочитала в нем признание в любви.

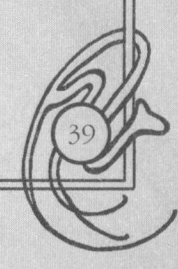

Символично, что дата казни Валентина совпала с римским праздником, посвященным Юноне — богине любви. Через 200 лет Валентина провозгласили святым покровителем всех влюбленных.

По традиции 14 февраля влюбленные обмениваются сувенирами и пишут друг другу признания в любви — валентинки. Кроме того, подарок ко Дню святого Валентина обязательно должен включать в себя цветы, а также сладости в форме сердца: торты, печенье, пирожные, конфеты, шоколад.

Традиционным подарком в День всех влюбленных является валентинка — открытка с признанием в любви. Первые валентинки появились в XV веке. Самая старинная их них выставлена в настоящее время в Британском музее. Открытки делали из цветной бумаги и подписывали цветными чернилами.

Стоит отметить, что изобретательность влюбленных в создании валентинок не знала предела. Самые талантливые писали их в виде акростиха, вырезали в форме сердечек или накалывали маленькими булавками кружёвной орнамент. Также популярными были валентинки, сделанные в виде паззлов. Серийное производство валентинок началось в конце XIX века.

В настоящее время влюбленные чаще всего покупают готовые открытки ко Дню святого Валентина или поздравляют друг друга виртуально.

Но, поверьте, вашему любимому будет намного приятнее, если вы подарите ему валентинку, изготовленную своими руками. Приложите максимум фантазии и попробуйте сделать собственную неповторимую открытку, написав в ней те слова, которые вы хотите сказать любимому.

*Самый известный символ Дня святого Валентина — Купидон, сын Венеры, богини любви. Согласно легенде он может заставить человека влюбиться, пустив в него одну из своих стрел.*

## Язык цветов

*Для большинства женщин очень важным является значение букета, который они получают в подарок от своего возлюбленного. Ведь очень часто с помощью цветов, особенно полученных в День святого Валентина, можно узнать о чувствах и намерениях любимого.*

Помимо валентинки, традиционным подарком ко дню святого Валентина являются цветы. На праздник всех влюбленных мужчина должен подарить своей возлюбленной букет цветов, лучше всего розы, которые являются символом красоты и любви. Стоит отметить, что огромное значение имеет цвет роз. Если ваш любимый знает язык цветов, он выберет букет, отражающий его чувства к вам.

Общеизвестно, что красные розы означают любовь. Букет из красных и белых роз символизирует дружеские чувства. Розовые цветы означают комплимент вашей элегантности и намек на то, что любимый настроен на серьезные отношения с вами, темно-розовые — выражение признательности и благодарности, желтые — радость, оранжевые или коралловые — страсть, белые — нежность. Кремовые розы являются символом взаимной любви, а лавандовые означают любовь с первого взгляда.

Если вы получили в подарок букет бордовых роз, знайте, что любимый поклоняется вашей красоте, а если из красных и желтых — просто поздравляет вас с праздником. Одна роза символизирует чувственность. При этом распустившийся цветок говорит о сильной страстной любви, а полураспустившийся — о нежности. Букет роз без шипов на языке цветов говорит о том, что вы можете положиться на любимого в любой ситуации. Так же как и розы, красные тюльпаны, гвоздики и хризантемы означают признание в любви.

Большинство женщин даже не догадываются о том, что мужчины тоже любят получать в подарок цветы, особенно в День святого Валентина. Розы, как правило, мужчина дарит женщине. А вы в свою очередь можете преподнести любимому скромный букет фиалок, которые, как и красные розы, символизируют любовь.

## Подарки для любимого

Выразить свои чувства к любимому можно не только с помощью валентинки и букета цветов. В День святого Валентина забудьте о банальных подарках — приложите максимум фантазии и преподнесите своему любимому что-нибудь оригинальное.

Подарок выбрать всегда сложно, особенно для любимого. Ведь хочется, чтобы человек искренне радовался преподнесенной вещи и понял, насколько он дорог вам. Разумеется, сувенир или какая-либо другая вещь, подаренная к празднику, должна отражать ваши чувства к любимому.

Традиционными подарками являются мягкие игрушки, шоколад, шампанское, парфюмерия и различные сувениры, символизирующие любовь и верность. Но если вам кажется, что все это банально, и вы хотите сделать эксклюзивный подарок, хорошо подумайте, что именно на самом деле доставит удовольствие вашему другу. Если у вас есть видеокамера, запишите на нее свое признание в любви и подарите любимому диск с этой записью. Кстати, вы можете не ограничиваться только любовным признанием: если у вас близкие отношения, запишите на видеокамеру стриптиз или какой-либо другой чувственный танец в своем исполнении. Вряд ли ваш мужчина останется равнодушным к такому подарку.

*Никогда не дарите только один подарок. Преподнесите любимому их столько, на сколько у вас хватит фантазии и сил. Не забывайте, что самым лучшим подарком является ваша любовь.*

Вы можете подарить любимому фотоальбом, сделав его из ваших совместных фотографий и каких-либо памятных вещей: записок, писем, засушенных цветов и т. п. Украсьте альбом сердечками и вложите в каждую страницу валентинку.

Интересным подарком будет письмо-букет. Для такого подарка купите букет цветов, напишите любовное послание, разрежьте его на части по строчкам, обмотайте эти части вокруг стеблей и закрепите.

А еще вы можете подарить любимому календарь вашей любви. Для этого возьмите перекидной календарь и отметьте на нем все важные для вас обоих даты: день знакомства, первый поцелуй, первое признание в любви и т. п. На каждый такой листочек наклейте ваши фотографии или картинки, символизирующие то или иное событие. Кстати, незаполненные даты вы можете превратить в импровизированные романтические праздники, например День поцелуев, День страсти, День романтического кино и т. д.

Вряд ли ваш любимый останется равнодушным и к картине, которую вы нарисуете сами. Для этого вам необязательно иметь художественные способности: просто нарисуйте на большом листе бумаги символ ваших отношений с любимым, поместите в рамку и преподнесите ему. На оборотной стороне картины напишите, почему вы выбрали именно этот символ. Вполне возможно, что у вас уже есть символ, который понятен только вам двоим и не требует никаких объяснений.

*Вместо картины с символом вашей любви вы можете сделать коллаж из открыток, валентинок, писем, билетов в кино и в театр, засушенных цветов и других памятных для вас обоих вещей, которые вы, как и многие женщины, наверняка бережно храните.*

## Праздник в подарок

*День святого Валентина должен быть особенным. Не ограничивайтесь валентинкой или трогательным сувениром, подарите любимому настоящий праздник. Возможность провести 14 февраля вдвоем будет самым лучшим сюрпризом для вас обоих.*

Вы можете заказать столик в уютном ресторанчике, а затем, взявшись за руки, прогуляться по ночному городу. Можете пойти вдвоем в театр или кино, покататься на коньках или на лыжах. Другими словами, как провести этот день — решать только вам. Но если вы выбрали романтический вечер дома, заранее подготовьтесь к нему. День влюбленных — праздник особенный и провести его надо так, чтобы он запомнился пусть не на всю жизнь, но хотя бы до следующего 14 февраля.

С чего же начать подготовку к предстоящей романтической встрече? Достаточно ли будет приготовить праздничный ужин, накрыть стол, принять ванну, надеть свое самое любимое платье, туфли, сделать красивую прическу и макияж, включить романтическую музыку, зажечь свечи, положить на видном месте подарки и встать у окна в ожидании любимого? Конечно, это романтично, но не слишком увлекательно.

Отступите хотя бы немного от обыденности. Разумеется, все описанное выше сделать желательно, а вот, вместо того, чтобы стоять у окна или коротать минуты ожидания у телевизора, оживите немного свою квартиру, превратив ее в своеобразную любовную библиотеку.

*Создавая в комнате обстановку для романтической встречи, не забудьте об ароматических эфирных маслах. Эти афродизиаки создадут у вас и вашего любимого соответствующее настроение.*

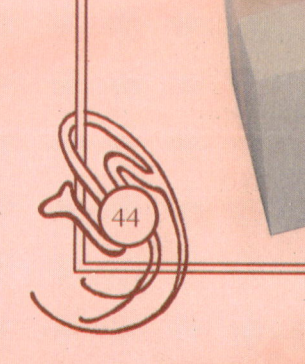

*Налейте в аромалампу несколько капель масла сандала, жасмина и корицы.*

Для этого заранее припасите несколько конвертов, вложите в них любовные послания и разложите на всем пути любимого от порога до комнаты. В некоторые конверты вы можете вложить «любовный счет» (например, поцелуй в щечку, поцелуй в губы, нежное объятие), который должен быть погашен сразу же после ознакомления с ним. Не забудьте оговорить в «счете» начисление процентов за просрочку.

Кроме того, самым первым подарком, который вы будете вручать любимому, должна быть красочная открытка с надписью приблизительно такого содержания: «Только для тебя! Романтический вечер со мной, который начинается прямо сейчас!» Лучше всего положить такую открытку в подарочную коробочку.

Дальнейший сценарий вечера вы можете продумать заранее сами или согласовать его со своим любимым. Главное, проведите его так, чтобы он надолго запомнился вам обоим.

## Блюда-валентинки

Вы знаете самый короткий путь к сердцу мужчины? Если да, то вряд ли вы забудете о праздничной трапезе приготовите несколько изысканных и неповторимых по вкусу кушаний. А чтобы романтический ужин не превратился в обыкновенное праздничное застолье, устройте своему любимому сюрприз, подав к столу настоящий кулинарный шедевр — блюдо-валентинку.

Продумывая меню праздничного ужина, обязательно включите в него блюдо-валентинку. Это может быть большой сахарный пряник с шоколадной глазурью и надписью: «Я тебя люблю!», маленькие печенья-сердечки, воздушный торт в форме сердца, украшенный розочками из крема и надписью-признанием, или пирожные.

Разумеется, эти блюда нужно подать на десерт. Что касается основного меню, то кушанья для него приготовьте по своему усмотрению и учитывая вкусы любимого. При этом выбирайте те блюда, приготовление которых не отнимает много времени. Легкий овощной салат, мясная или рыбная закуска, запеченная курица и фрукты вполне подойдут для романтического ужина.

Будет хорошо, если каждое блюдо, приготовленное для любимого, вы украсите сердечками, цветочками и другими фигурками из овощей и фруктов.

Если для расслабления и раскрепощения вам необходимо спиртное, купите к празднику бутылку вина или шампанского. Кроме того, вы можете приготовить легкие коктейли с забавными и многозначительными названиями, понятными только вам двоим.

*Не забудьте о продуктах-афродизиаках: креветки, кальмары, рыбу, грибы, спаржу, яйца, зелень укропа, сыр, а также различные приправы просто необходимо включить в меню романтического ужина. Зная секреты эротической кухни, вы обязательно добьетесь успеха в любви.*

## Десерт «Стрела Амура»

*2 персика, 200 г абрикосов, 150 г чернослива без косточек, 1 столовая ложка сахарного сиропа, 1 столовая ложка абрикосового ликера, 1 столовая ложка сахарной пудры.*

Персики и абрикосы вымойте, разрежьте пополам, удалите косточки и нарежьте дольками. Чернослив вымойте, замочите на 10 минут в теплой воде, откиньте на сито. Смешайте персики, абрикосы и чернослив, добавьте сахарный сироп и ликер, перемешайте и разложите по вазочкам. Посыпьте десерт сахарной пудрой.

# Шоколадное сердце

*300 г топленого масла, 300–400 г пшеничной муки, 100 г темного шоколада, 100–150 г сахара, 3–4 столовые ложки порошка какао, 3–4 яйца, 2 столовые ложки изюма, 2–3 чайные ложки меда, 2 чайные ложки оливкового масла, 1 пакетик ванилина, $1/2$ чайной ложки пищевой соды.*

Яйца взбейте с сахаром, содой и ванилином. Размягченное топленое масло перемешайте с какао и медом до однородного состояния. Муку высыпьте горкой в глубокую миску, сделайте углубление, добавьте взбитые яйца, масляную смесь и предварительно замоченный изюм, тщательно перемешайте.

Придайте тесту форму сердца и выложите на смазанный оливковым маслом противень. Выпекайте в разогретой до 180–200 °C духовке в течение 25–30 минут.

Шоколад растопите и полейте им готовое изделие.

# Торт-валентинка

*300 г пшеничной муки, 200 г сахара, 5 яиц, 30 г топленого масла, 100 г взбитых сливок, 3—4 столовые ложки сгущенного молока, 100 г сливочного масла, 1 чайная ложка коньяка, 1 пакетик ванилина, 1—2 чайные ложки меда, 100 г очищенных грецких орехов, 2 пакетика декоративной карамели.*

Яйца взбейте с сахаром и ванилином в густую пену, добавьте муку и перемешайте. Влейте в тесто коньяк, положите мед и еще раз перемешайте.

Тесто разделите на 3 части. Одну часть выложите в смазанную топленым маслом форму, выпекайте в разогретой до 200 °C духовке в течение 10 минут.

Так же выпекайте оставшиеся коржи. Для приготовления крема сливочное масло взбейте со сгущенным молоком, смешайте со взбитыми сливками, еще раз взбейте с помощью миксера. Коржи остудите, смажьте кремом, соедините, вырежьте в форме сердца. Бока торта смажьте кремом и посыпьте грецкими орехами. Верх торта смажьте кремом и украсьте декоративной карамелью.

## Десерт «Незнакомка»

*4 банана, 100 г шоколада, 100 г ядер грецких орехов, 200 мл взбитых сливок.*

Бананы вымойте, очистите, нарежьте кружочками. Шоколад натрите на терке, орехи нарубите. Бананы разложите по десертным тарелкам, посыпьте шоколадом и орехами, украсьте взбитыми сливками.

Ретро снова входит в моду. Так почему бы вам не устроить свидание в подобном стиле? Наверняка в вашем гардеробе найдется романтический ретро-наряд, а в музыкальной коллекции — подходящие для такого случая композиции. Подобное свидание будет еще интереснее, если в разгар вечера вы удивите своего любимого исполнением фокстрота, чарльстона, минуэта, танго или какого-либо другого ретро-танца. Впрочем, ваш вечер будет не менее увлекательным, если вы вместе посмеетесь над старой кинокомедией, посмотрите семейный фотоальбом или сыграете после романтического ужина в любимые игры ваших бабушек и дедушек.

## Обольщение в стиле ретро

*Вам хочется очаровать, околдовать, свести с ума и соблазнить мужчину своей мечты? Попробуйте воспользоваться опытом предшествующих поколений, применив обольщение в стиле ретро.*

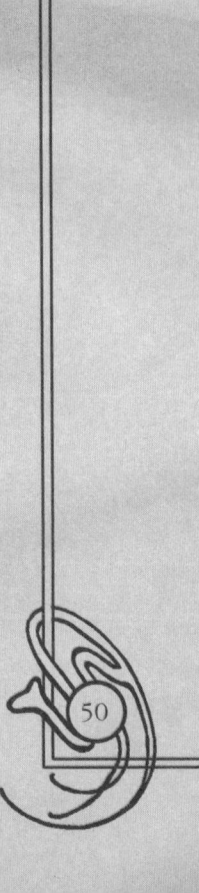

# Свидание в стиле ретро

Практически каждой женщине приходится интуитивно выбирать образ и линию поведения, привлекательные для ее любимого. И психологи, и сексологи в большинстве случаев бессильны помочь ей, поскольку они могут лишь сказать, что привлекает сильную половину человечества вообще, а о пристрастиях конкретного мужчины знать не могут. Другими словами, пока еще не существует науки покорения мужчины, и ни один ученый не в силах составить даже азбуку любви. Но, как известно, женщин это не останавливает, и у каждой из них имеются свои секреты покорения избранника.

Существует множество способов, с помощью которых женщина добивается любви мужчины, и приемов, к которым она прибегает, чтобы довести его до безумной страсти. Она старается выглядеть в его глазах лучше и, используя все отпущенные ей природой дарования, настойчиво стучится в дверь, ведущую к взаимной любви и счастью.

Главное оружие женщины — это обольщение, то есть способность показать себя во всем блеске своей красоты, продемонстрировав любимому все свои достоинства.

*Что такое обольщение в стиле ретро? Это те приемы, которыми пользовались женщины для привлечения сексуального внимания мужчины во времена, когда не было мини-юбок, открытых топиков, ажурных чулок и духов с феромонами.*

Но речь сейчас пойдет не о нарядах, прическах, макияже и украшениях, поскольку все это мелочи по сравнению с тем, что не подвержено влиянию времени, эталонов красоты и течений моды. Это то оружие обольщения, которым умеют пользоваться только женщины, — взгляды, улыбки, жесты, мимика, тональность голоса.

Многие женщины уверены, что мужчины не наблюдательны и, как правило, не замечают многих достоинств и недостатков женщин. Но это далеко не так. Возможно, представители сильной половины человечества не запоминают цвет волос, глаз, выражение лица и форму носа тех женщин, которые им не интересны, а вот на дам, понравившихся им, они обращают пристальное внимание.

В этом случае от взгляда мужчины не ускользает ни одна деталь внешности. И любуется он этой женщиной не только для того, чтобы наслаждаться ее привлекательностью, но и чтобы определить по ее ответному взгляду и выражению лица, питает ли она такой же интерес к нему.

Конечно, многие современные женщины могут откровенно сказать понравившемуся мужчине о своей симпатии или даже о своем сексуальном влечении. Откровенность обольщает и возбуждает многих представителей сильной половины человечества, но ретрообольщением это назвать никак нельзя. Наши бабушки и прабабушки прекрасно знали, как одним взглядом показать не только свою симпатию, но и свою страсть. Запомните: быстрый взгляд из-под ресниц лучше любых слов выразит ваш интерес к мужчине, а пристальный взгляд, длящийся не менее 7 секунд, всегда говорит о нескрываемой симпатии. Если мужчина сексуально привлекает женщину, последняя, часто неосознанно, пристально смотрит на него, слегка приоткрыв губы. При этом ее дыхание становится глубоким, а ноздри слегка раздуваются. И это никогда не ускользает от внимания мужчины.

*Чтобы свести мужчину с ума, не обязательно быть обладательницей пресловутых 90—60—90. Достаточно лишь правильно пользоваться тем оружием, которое вам дано природой.*

А знаете ли вы, что с помощью улыбки можно выразить практически любые чувства? Люди часто делают это неосознанно. Улыбка может говорить о радости, самодовольстве, грусти, высокомерии, презрении, благодарности, симпатии, антипатии, желании, страсти, нежности, жалости и т. д. По улыбке и сопровождающим ее мимике лица и выражению глаз мужчина безошибочно сможет узнать о тех чувствах, которые в этот момент испытывает женщина. Встаньте перед зеркалом и улыбнитесь, подумав о ком-нибудь с нежностью и любовью. А теперь улыбнитесь, вспомнив человека, к которому вы испытываете презрение. Видите, насколько одна улыбка отличается от другой? С помощью улыбки вы сможете не только рассказать любимому обо всех своих чувствах к нему, но и вызвать у него ответную симпатию.

Другим, не менее действенным оружием обольщения является тембр голоса женщины. Вы сами даже не замечаете того, как меняется ваш голос и его интонации, когда вы разговариваете с мужчиной, в которого влюблены. Он становится на несколько тонов ниже, вы начинаете разговаривать медленно и в то же время эмоционально. И это ни за что не ускользнет от внимания мужчины, вызывая у него сладостное волнение.

Классическим приемом обольщения является легкий наклон головы в сторону. Эта асимметрия привлечет внимание любимого

*Самым простым оружием обольщения является умение слушать. Мужчины очень любят женщин, внимающих каждому их слову. Слушая любимого, не забывайте о зрительном контакте, улыбке, смехе (если он шутит), прикосновениях к руке и других важных приемах обольщения.*

к изгибу вашей шеи. Не забывайте при этом поддерживать зрительный контакт с избранником.

Женщины, сами того не зная, выглядят сексуально, когда приглаживают волосы, поправляют одежду, подкрашивают губы или пудрятся. Попробуйте с улыбкой встряхнуть головой, как бы поправляя прическу, и вы сразу увидите, какое впечатление это произведет на мужчину.

Не менее сильное действие оказывает на мужчин поза «нога на ногу», особенно если при этом на женщине туфли на высоком каблуке. Если вы стоите, не ставьте ступни вместе. Пусть расстояние между ними составляет около 15 см. Психологи утверждают, что на всех без исключения мужчин это действует притягательно.

И последнее: попробуйте оказаться с избранником «на одной волне», то есть используйте прием отзеркаливания. Например, если ваш друг сидит в позе «нога на ногу», сядьте так же, если он откинулся на спинку стула, повторите и это. Другими словами, старайтесь подражать его позам и мимике, но, разумеется, соблюдайте меру.

## В ритме танго

*Движения танго — темпераментного и драматичного танца — выражают взрывную страсть и передают всю гамму сильных чувств. Поставьте запись с мелодией танго и попробуйте вместе с любимым погрузиться в мир одного из самых чувственных ретро-танцев.*

Если вы хорошо чувствуете музыку, умеете подстраиваться под ее ритм и не раз видели по телевизору, как танцуют танго, вы без труда сможете повторить хотя бы основные движения этого завораживающего танца. Его техника не отличается особой сложностью. Правила движений больше касаются мужчины, нежели его партнерши, поскольку именно он задает ритм танца. Мужчина является ведущим, и это закон танго. Если женщина решит проявить инициативу, танец потеряет смысл.

Но это не значит, что вы должны бездумно следовать за партнером, повторяя его движения. Вам необходимо владеть своим телом, уметь расслабляться и чувствовать ведение партнера, четко отвечая на него и двигаясь грациозно и пластично.

*Танго имеет размер $2/4$ с ритмом 30—32 такта в минуту. Один медленный шаг танца чередуется с двумя быстрыми. Базовая часть танго — салида — это восемь шагов: один назад и семь вперед. Именно с таких движений начинается танец.*

Разумеется, если вы специально не обучались танго, ваш танец будет лишь отдаленно напоминать его. Пусть это вас не расстраивает. Вы не на сцене, не на балу, а на свидании. И для вас важна не четкая техника движений, а сам смысл танца — любовь и страсть, побег от всего и всех, полное растворение друг в друге.

Возможно, помимо мелодий танго, в вашей музыкальной библиотеке найдется и другая танцевальная ретро-музыка и у вас возникнет желание погрузиться в мир рок-н-ролла, фокстрота, минуэта, чарльстона, вальса. Любой из этих танцев, исполненный с чувством, подарит вам незабываемые впечатления и, как ничто другое, поможет стать намного ближе друг к другу.

## Романтические забавы

*Как развлекались люди во времена, когда не было телевизоров, компьютеров, музыкальных центров? Разумеется, они ходили в театры, на концерты, танцевали на балу. А помимо этого? Влюбленные читали друг другу стихи, пели романтические песни под гитару или фортепьяно, беседовали, флиртовали и, конечно, играли в интеллектуальные игры.*

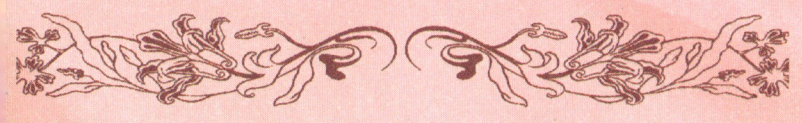

В зависимости от предпочтений вы можете весело провести время, сыграв несколько партий в преферанс, покер, блек-джек и даже «дурака». Если же карты не вызывают у вас интереса, попробуйте развлечься с помощью самой популярной романтической игры начала XX века — игры в ассоциации.

Эта игра поможет вам намного лучше понять друг друга, узнать вкусы и желания друг друга. Ассоциации — это не гадание, не гороскоп, не психологический тест, а увлекательная игра, позволяющая партнерам не только интересно провести время, но и почерпнуть множество полезных сведений друг о друге.

Следует отметить, что ассоциативные связи самые сильные, поскольку их возникновение ничем не ограничено и никак не задано. Они могут возникнуть и по принципу различия, и по принципу сходства, а также одновременности и многим другим основаниям. Ухватившись за одно звено, вы можете вытащить всю цепочку своих ассоциаций. Правила игры очень просты. Вы говорите партнеру любое слово, а он перечисляет в ответ ассоциации, которые вызывает у него это слово. Таким образом вы сможете узнать не только о любимом цвете, времени года, части суток, блюде и прочих предпочтениях вашего любимого, но и о его истинном отношении к вам.

*Во время игры вы сможете почерпнуть максимум сведений о своем любимом, а также помочь ему лучше понять вас.*

Какие же слова могут быть ключевыми? Это зависит от того, что именно вы хотите узнать. Например, если вам интересно выяснить, как ваш избранник относится к любви, выберите ключевое слово «любовь». Цепочка ассоциаций может быть самой разной, но по ней вы поймете, что на самом деле для любимого значит это чувство. Представим одну из возможных ассоциативных цепочек: любовь — нежность — забота — взаимопонимание — семья — дети. Нетрудно догадаться, что для человека, выстраивающего подобный ассоциативный ряд, слово «любовь» — не пустой звук. Для него это нежные отношения между мужчиной и женщиной, обязательно приводящие к созданию крепкой семьи.

Но цепочка может быть и такой: любовь — несчастная любовь — страдание — боль — тоска — уныние — скука. Или такой: любовь — страсть — желание — возбуждение — секс — удовольствие. Вариантов может быть бесчисленное множество. И не обязательно иметь образование психолога, чтобы правильно читать их истинный смысл.

## Ретро-ужин

Ретро-свидание предполагает и ужин в стиле ретро. Что можно приготовить для подобной трапезы? Ультрасовременные кушанья с модными приправами и блюда-фьюжн исключите из меню сразу. Остановите свой выбор на классических блюдах, но не забывайте о том, что ужин все же романтический, и отварной картофель с сельдью будет неуместен для подобной трапезы.

*Игра в ассоциации — лучший способ выяснить кулинарные пристрастия своего избранника, а также узнать о том, какие блюда он предпочитает есть на завтрак, обед и ужин. Для этого вам достаточно назвать такие ключевые слова, как «еда», «завтрак», «обед», «ужин», «трапеза» и т. п.*

# Салат «Веточка мимозы»

*250 г отварного филе морской рыбы, 150 г сыра, 100 г майонеза, 2 сваренных вкрутую яйца, 1 луковица, 1 яблоко, 2 веточки укропа, соль и перец.*

Филе рыбы нарежьте небольшими кусочками. Лук очистите, вымойте, мелко нарежьте. Яйца очистите, разрежьте пополам, выньте желтки, белки натрите на мелкой терке. Яблоко вымойте, очистите, удалите сердцевину, натрите на крупной терке. Укроп вымойте. Сыр натрите на крупной терке. На плоское блюдо выложите слоями рыбу, лук, яблоки, сыр и яичные белки. Каждый слой посолите, поперчите и смажьте майонезом. Украсьте салат веточками укропа и измельченными яичными желтками.

# Куриные окорочка в красном вине

*2 куриных окорочка, 100 мл сухого красного вина, 150 г зеленого горошка, 2 помидора, 50 г оливок, 2 листа зеленого салата, 1 столовая ложка растительного масла, соль и перец.*

Окорочка вымойте, обсушите салфеткой, натрите солью и перцем, положите в эмалированную емкость и залейте вином. Поставьте на 30 минут в холодильник. Затем переложите в смазанную растительным маслом форму и поставьте в предварительно разогретую духовку на 25–35 минут. Помидоры вымойте, нарежьте тонкими ломтиками и сделайте из них «розочки», уложив ломтики по спирали, начиная с середины. Листья салата вымойте, обсушите. На готовые окорочка прикрепите папильотки из листьев салата, разложите окорочка по тарелкам, гарнируйте зеленым горошком. Украсьте «розочками» из помидоров и оливками.

# Котлеты из индейки

*500 г филе индейки, 1 ломтик батона, 100 г оливок, 70 мл молока, 2 помидора, 1 небольшая луковица, 2 столовые ложки панировочных сухарей, 2 столовые ложки растительного масла, 1 пучок зеленого салата, соль и перец.*

Лук очистите, вымойте, крупно нарежьте. Филе индейки промойте, нарежьте небольшими кусочками и пропустите через мясорубку вместе с луком и размоченным в молоке ломтиком батона. Фарш посолите, поперчите, сформуйте котлеты, обваляйте их в панировочных сухарях и обжарьте на растительном масле. Листья салата вымойте, обсушите, разложите по тарелкам. Помидоры вымойте, разрежьте пополам и вырежьте из каждой половинки украшения в виде цветов. Выложите котлеты на листья салата, украсьте «цветами» из помидоров и оливками.

## Блинчики с творогом

200 г муки, 500 мл молока, 250 г творога,
50 г клюквы, 3 яйца,
1 столовая ложка растительного масла,
2 столовые ложки жирных сливок,
2 столовые ложки сгущенного молока,
3 столовые ложки сахара, цедра 1 лимона, соль.

Клюкву вымойте, лимонную цедру нарежьте тонкими длинными полосками. Яйца взбейте с молоком, солью и 1 чайной ложкой сахара, добавьте муку и тщательно перемешайте, чтобы не было комочков. Выпекайте блинчики на смазанной растительным маслом сковороде. Творог протрите через сито, разотрите с оставшимся сахаром и сливками.
На середину каждого блинчика положите немного творога, сверните в виде трубочки. Выложите блинчики на тарелку, украсьте сгущенным молоком, полосками цедры и ягодами клюквы.

# Свидание в японском стиле

Мода на японский стиль — это уже не новинка, и в настоящее время трудно найти человека, который не имеет представления, что такое японский стиль в интерьере, одежде, кухне. А вот как провести свидание в подобном стиле, знает не каждый. Конечно, легче всего пойти в японский ресторан и, окунувшись в атмосферу тепла и уюта, послушать японскую музыку и отведать традиционные японские блюда. Но если подобное мероприятие не входит в ваши планы, вы можете попробовать устроить свидание в японском стиле у себя дома.

## Японские мотивы в интерьере

*Вы мечтаете о свидании в японском стиле, но ваш интерьер абсолютно не соответствует традиционной обстановке японского жилища? Не спешите заказывать столик в японском ресторане. Скорее всего, у вас дома найдется несколько симпатичных вещиц, с помощью которых вы сможете оживить интерьер своей комнаты, придав ему японскую нотку.*

Для свидания в японском стиле необходимо создать соответствующую атмосферу в комнате. Но это не значит, что вам нужно полностью менять свой интерьер. Освещение, икебана, бонсай, японские рисунки, расписной веер, бумажные фонарики, шкатулки и фарфоровая посуда с росписью, хаси (палочки для еды) и другие мелочи создадут в вашей комнате атмосферу японского жилища. А если вы наденете кимоно, включите традиционную японскую музыку, ароматизируете комнату японскими благовониями, сервируете в японском стиле стол и приготовите изысканные кушанья японской кухни, то это свидание ваш любимый запомнит на всю жизнь.

Прежде всего позаботьтесь об освещении. Японский интерьер предполагает приглушенный свет. Хорошо, если светильники будут в форме японских фонариков с иероглифами. Но это не обязательно, достаточно использовать для освещения комнаты настольные, напольные лампы, а также низковисящие настенные или потолочные светильники. Это создаст рассеянное освещение — игру света и тени. Лучшим же дополнением вашего интерьера станут свечи, но не яркие, а белые или черные.

Если у вас есть фарфоровая посуда и шкатулки, украшенные японскими орнаментами или иероглифами, обязательно используйте их для оформления комнаты. Для этой же цели подойдет веер, японская гравюра, бронзовые статуэтки и фигурки нэцкэ.

## Звуки флейты и сямисэна

*Завораживающие звуки японской флейты и лирическое звучание сямисэна вызовут у вас целую бурю положительных эмоций: нежность, любовь, страсть, восторг, радость.*

Традиционная японская музыка отличается преобладанием вокального исполнения над инструментальным. Там, где необходимо создать типичную японскую атмосферу, обязательно звучат бамбуковая флейта и сямисэн — трехструнный, похожий на лютню музыкальный инструмент. Оба они своим строгим, но в то же время эмоциональным звучанием помогают погрузиться в сказочную атмосферу любви и нежности.

Несколько другое настроение создает J-Pop — японская популярная музыка. Ее исполняют популярные музыканты и актеры, озвучивающие героев аниме. Из многообразия японской поп-музыки вы можете выбрать как лирические, так и танцевальные композиции.

## Японские благовония

*Традиционные японские благовония — это лотос, гвоздика, сандал, мандарин, жимолость, нероли, пачули, туласи, гиацинт и афродезия. Все эти ароматы являются мощными афродизиаками.*

*Лотос.* Легкий, изысканный, слегка сладковатый аромат лотоса помогает человеку понять природу своих желаний. Он освежает чувства, избавляет от усталости, обостряет интуицию и благоприятствует духовному развитию человека.

*Гвоздика.* Пряный, острый аромат гвоздики действует возбуждающе. В Японии его считают лучшим стимулирующим средством при ослаблении потенции.

*Жимолость.* Терпкий, сладковатый запах жимолости действует успокаивающе и создает хорошее настроение.

*Мандарин.* Легкий кисловатый аромат мандарина расслабляет, снимает умственное напряжение, избавляет от депрессии и плохого настроения, помогает при фригидности и импотенции.

*Нероли.* Нежный, легкий, прохладный запах нероли избавляет от депрессии и способствует снятию напряжения. В Японии считают, что этот аромат помогает влюбленным лучше понять друг друга.

*Пачули.* Сладкий, терпкий и дурманящий аромат пачули считается одним из самых таинственных. Он может вызвать как любовь, так и ненависть, поэтому японцы рекомендуют применять его с осторожностью.

*Сандал*. Изысканный, тонкий, терпкий запах сандала благоприятен для духовной практики, медитации. Он способствует расслаблению, помогает при депрессии, страхе, тревоге. Кроме того, сандал является мощным афродизиаком — он повышает чувственность, избавляет от фригидности и импотенции.

*Туласи*. Нежный, теплый, волнующий аромат туласи снимает раздражительность и приступы меланхолии. В Японии считают, что запах туласи помогает влюбленным быть искренними друг с другом.

*Гиацинт*. Свежий, прохладный, легкий запах гиацинта придает свежесть чувствам, располагает к самосозерцанию и самоанализу.

*Афродезия*. Легкий, изысканный, дурманящий аромат афродезии вызывает сексуальный настрой и помогает обрести уверенность в себе. Это один из самых мощных афродизиаков.

*Вы можете купить японские благовония в специализированном магазине или изготовить их самостоятельно, смешав 2—4 вида эфирного масла и ароматизировав комнату с помощью аромалампы.*

## Любовные традиции

*Время — это самое дорогое, что есть у вечно занятых японцев. Поэтому если мужчина хочет сделать своей избраннице приятное, он дарит ей свое время, позволяя любимой самой решить, как и где провести его.*

Японцы — народ немногословный, они скупы на комплименты и считают, что если они проявляют интерес к женщине, последней должно быть это понятно без слов, поскольку они тратят на нее свое время. Также в Японии не принято приходить на свидание с цветами.

Но вам вовсе необязательно четко следовать подобным традициям. Постарайтесь только не отказывать друг другу в столь дорогом подарке, как время. Проведите его так, как считаете нужным, забыв о работе и всех беспокоящих вас проблемах и полностью посвятив романтический вечер друг другу.

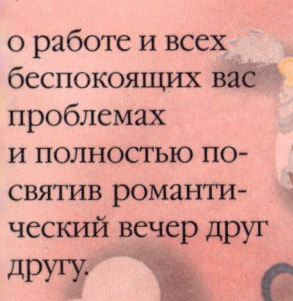

Японский этикет, в отличие от западного, требует, чтобы мужчина и женщина по очереди наливали друг другу напитки. Тот, кто наливает, произносит тост.

## Японский любовный гороскоп

В Японии, как ни в одной другой стране, к гороскопам относятся очень серьезно. Японцы верят, что многое, происходящее в жизни человека, зависит от года, дня и даже часа его появления на свет. Прежде чем создать семью, многие мужчины и женщины досконально изучают гороскопы друг друга.

Согласно принятому в Японии календарю, в пределах 12-годичного цикла каждый год проходит под определенным знаком. Человек, рожденный в том или ином году,

получает целый ряд свойств, в зависимости от которых и складывается его судьба.
На основе традиционного японского гороскопа создано множество других, в том числе и любовный. Из него вы узнаете, как ваш избранник относится к любви и браку, насколько он уверен в себе, как завоевать его сердце и т. п.

| ОБЕЗЬЯНА | ПЕТУХ | СОБАКА | КАБАН | КРЫСА | ВОЛ |
|---|---|---|---|---|---|
| 1920 | 1921 | 1922 | 1923 | 1924 | 1925 |
| 1932 | 1933 | 1934 | 1935 | 1936 | 1937 |
| 1944 | 1945 | 1946 | 1947 | 1948 | 1949 |
| 1956 | 1957 | 1958 | 1959 | 1960 | 1961 |
| 1968 | 1969 | 1970 | 1971 | 1972 | 1973 |
| 1980 | 1981 | 1982 | 1983 | 1984 | 1985 |
| 1992 | 1993 | 1994 | 1995 | 1996 | 1997 |
| 2004 | 2005 | 2006 | 2007 | 2008 | 2009 |

| ТИГР | КРОЛИК | ДРАКОН | ЗМЕЯ | ЛОШАДЬ | ОВЦА |
|---|---|---|---|---|---|
| 1926 | 1927 | 1928 | 1929 | 1930 | 1931 |
| 1938 | 1939 | 1940 | 1941 | 1942 | 1943 |
| 1950 | 1951 | 1952 | 1953 | 1954 | 1955 |
| 1962 | 1963 | 1964 | 1965 | 1966 | 1967 |
| 1974 | 1975 | 1976 | 1977 | 1978 | 1979 |
| 1986 | 1987 | 1988 | 1989 | 1990 | 1991 |
| 1998 | 1999 | 2000 | 2001 | 2002 | 2003 |
| 2010 | 2011 | 2012 | 2013 | 2014 | 2015 |

**Обезьяна.** Если ваш избранник родился в этот год, забудьте об отдыхе, покое и гармоничных отношениях. Вам придется все время быть настороже, поскольку Обезьяна — очень ненадежный, противоречивый, вспыльчивый, темпераментный и своевольный человек. Он может воспринимать любовные отношения как увлекательную игру. И играет он в нее до тех пор, пока ему интересно. Как только он чувствует, что отношения вошли в привычку, и никаких новшеств в них не предвидится, Обезьяна без сожаления разрывает любовный союз. Чтобы завоевать его сердце, вам придется всегда быть разной. Если вы постоянно будете удивлять и интриговать его, игра в любовь с вами ему никогда не надоест. Идеальными партнерами для Обезьяны являются Дракон и Крыса, а вот со Змеей,

Кабаном и Тигром у нее будут очень сложные отношения.

*Несмотря на свой бешеный темперамент, Обезьяна может проявлять нерешительность, особенно на первом свидании. Поэтому если вы видите, что ваш избранник колеблется, смело берите инициативу в свои руки. Возможно, в этом случае игра будет проходить по вашим правилам.*

*Петух.* Мужчина, родившийся в год Петуха, несколько эксцентричен, но быстро находит общий язык с окружающими. Часто он производит впечатление очень решительного человека, но в глубине души робок и не уверен в себе. Однако влюбившись, он способен на отчаянные и смелые действия. Ему нравятся яркие женщины с сильным характером, на которых обращают внимание другие мужчины. Завоевав сердце такой женщины, Петух становится настоящим тираном. Кроме того, он любит усложнять отношения и постоянно нагружает возлюбленную несуществующими проблемами. Несмотря на все это, он легко находит общий язык с Драконом и Крысой. Если вы родились в год Кабана, Змеи или Тигра, вам надеяться не на что.

*Собака.* Если ваш избранник родился в год Собаки, считайте, что вам очень повезло, поскольку он наделен лучшими человеческими качествами. Его верность, честность, остроумие, справедливость, нежность, умение хранить тайны располагают, даже самых недоверчивых людей. Однако в отношениях к нему с возлюбленной он может быть эгоистичен, эксцентричен и упрям. Ему нравятся спокойные, честные и умные женщины. Вы можете смело доверять любимому, если родились в год Лошади, Тигра или Кролика. Если вы Дракон или Овца, забудьте о любовных отношениях с Собакой. В лучшем случае вы будете только друзьями.

*Кабан.* Мужчина, родившийся в год Кабана, отличается смелостью и способностью к самопожертвованию. У него получается все, за что он берется. Если ему нравится женщина, он добивается ее расположения любыми путями и остается верен ей до конца жизни. Это идеальный муж и хороший отец. Кабан никогда не бросит свою семью, не любит ссор и пререканий, всегда идет на компромисс, не допуская длительной размолвки с любимой. Однако, если вы родились в год Змеи, можете рассчитывать только на короткий роман — на серьезные отношения с вами Кабан никогда не пойдет. Идеальными партнерами для него являются женщины, рожденные в год Кролика, Овцы, Крысы, Кабана или Собаки.

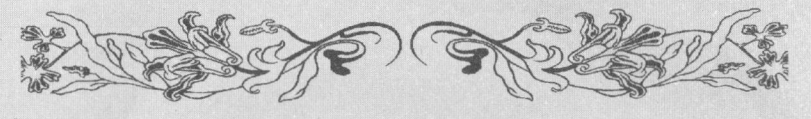

*Если ваш избранник родился в год Кабана, старайтесь сдерживать свои эмоции и спокойно говорить о том, что вам не нравится в его поведении или отношении к вам, а не возмущаться, устраивая скандал.*

**Крыса.** Мужчина, рожденный под этим знаком, обладает приятной внешностью. Но это не самое главное его достоинство. Он целеустремлен, трудолюбив и всегда добивается материального благополучия. Но вместе с этим он бережлив и экономит деньги, даже если у него их много. Забыть о бережливости Крыса может только под влиянием сильных чувств. Влюбившись, он ни в чем не отказывает своей избраннице. Но взамен требует постоянных уверений в любви и верности. Поскольку он сам аккуратен до педантичности, ему нравятся женщины, обладающие качествами хорошей хозяйки. Поэтому, если ваш избранник родился в год Крысы, относитесь к своему внешнему виду и чистоте в доме. Если вы родились в год Дракона, Обезьяны или Быка, ваши отношения с любимым будут идеальными. Все прочие знаки, кроме Лошади, тоже более или менее подходят Крысе.

**Бык.** Если ваш избранник родился в год Быка, не надейтесь, что вам удастся наговориться всласть. Этот человек настолько немногословен, что может молчать неделями, ограничиваясь лишь короткими ответами «да», «нет», «не знаю». Красноречием он способен блистать только в период ухаживания. Он терпелив и редко выходит из себя. Но если это случается, его ярость не знает границ. В этот момент его следует остерегаться. К сожалению, Бык смотрит на любовь как на спорт и, добившись расположения понравившейся женщины, тут же бросает ее. Чтобы удержать его, нужно периодически флиртовать с другими мужчинами или постоянно удивлять его, давая понять, что вы — женщина-загадка. Идеальными спутницами жизни для Быка являются Змея, Петух и Крыса. Чисто спортивный интерес у него вызывают Дракон, Кролик, Обезьяна, Кабан и Бык. Если вы родились в год Овцы, можете даже не смотреть в сторону Быка — вы все равно его не заинтересуете.

*Если вы влюблены в мужчину, родившегося в год Быка, никогда не сплетничайте с подругами в его присутствии. Сплетни и интриги — это то, что он больше всего ненавидит.*

**Тигр.** Мужчина этого знака — прирожденный лидер. Его все уважают, у него много друзей. Он мужественный, сильный и чувственный. В отношениях с женщиной на первое место ставит секс. Но, несмотря на это, он прекрасный семьянин, любит детей. В жизни он добивается всего, чего захочет, поэтому его семья, как правило, обеспечена всеми материальными благами. Да и своим вниманием ни жену, ни детей он не обделяет. Однако его легко спровоцировать на конфликт. В момент ярости Тигр очень опасен и может причинить вред даже тем, кого любит. Идеальными партнершами для него являются женщины, рожденные в год Дракона, Собаки, Крысы и Лошади. Со Змеей и Обезьяной он никогда не будет счастлив.

*Кролик.* Мужчина, рожденный в год Кролика, обладает яркой индивидуальностью, талантами, честолюбием, добротой и тактичностью. Кроме того, он отличается безукоризненным вкусом, что всегда вызывает восхищение окружающих. Наряду с этим, он консервативен, педантичен и имеет склонность к меланхолии. Ему нравятся разговорчивые, веселые и энергичные женщины, которые любят поспорить и посплетничать. Однако он чаще довольствуется кратковременными романами. Серьезные отношения он начинает строить только с той женщиной, которая, по его мнению, подходит ему в качестве жены. Если вы родились в год Овцы, Кабана или Собаки, ваш роман с любимым обязательно перерастет в нечто более серьезное.

*Дракон.* Если ваш избранник родился в год Дракона, знайте, что мужчины этого знака женятся в ранней молодости или не женятся вообще. Поэтому, если вашему любимому больше 25 лет, на брак с ним можете даже не рассчитывать.

Самое лучшее, что вас ожидает — это долговременные, но ни к чему не обязывающие (с его стороны) отношения.

Несмотря на это, Дракон обладает прекрасными человеческими качествами. Он честен, решителен, умен, на него можно положиться в любой ситуации. Правда, он часто выходит из себя, но его вспышки гнева быстро заканчиваются и никому не приносят особого вреда. Идеальной спутницей жизни для Дракона является женщина, рожденная в год Крысы, Змеи, Обезьяны или Петуха. Совсем не подходит ему Собака.

Чтобы завоевать сердце мужчины, рожденного в год Дракона, окружите его вниманием и заботой, научитесь быть хорошей слушательницей и старайтесь во всем соглашаться с ним.

**Змея.** Мужчина, рожденный в год Змеи, как магнит, притягивает представительниц противоположного пола. И это неудивительно. Он обаятелен, остроумен, решителен, находчив и всегда добивается поставленной цели. В любви он страстен и иногда излишне эмоционален, хотя изо всех сил старается сохранять спокойствие. Свою избранницу он балует подарками, комплиментами и во всем потакает ей, но только до тех пор, пока она не становится его женой. После свадьбы мужчина-Змея из романтичного кавалера превращается в собственника и ревнивца, хотя сам при первой возможности пускается в любовные приключения. Чтобы удержать его, нужно иметь сильный характер, ангельское терпение и... безупречную внешность. Но, как это ни парадоксально, Змея никогда не изменяет своей избраннице, если она родилась в год Петуха или Быка.

**Лошадь.** Этот человек обладает веселым характером. Он общителен, щедр, умен, проницателен и обращает на себя внимание яркой одеждой и непринужденным поведением. Мужчина-Лошадь самоуверен и неравнодушен к женской красоте. Он знает себе цену, но, влюбившись, способен забыть обо всем на свете. Он с головой окунается в омут чувств, делая для избранницы все, что она пожелает, и ничего не требуя взамен. Идеальной спутницей жизни для Лошади является женщина, рожденная в год Тигра, Собаки или Овцы. Если же вы родились в год Крысы, можете рассчитывать только на мимолетный страстный роман.

**Овца.** Мужчина этого знака наделен творческими способностями. К любви он относится очень трепетно, считая избранницу своим творением. В трудных ситуациях он часто беспомощен и затрудняется самостоятельно принимать решения, потому что от природы застенчив, неуверен в себе и склонен к пессимизму. Ему нужна женщина с сильным характером, которая будет заботиться о нем, потакать всем его капризам и помогать ему во всех начинаниях. В то же время он любит умных, нежных, рассудительных и мягких женщин, обладающих хорошим вкусом. Он будет счастлив, если свяжет свою судьбу с Кроликом, Кабаном или Лошадью. Роман с Быком или Собакой может обернуться для него трагедией.

## Застольный этикет

Японский этикет сильно отличается не только от западного, но и от обычаев, принятых в соседних странах, — Китае и Корее. Поэтому, если вы приготовили на ужин традиционные японские блюда, внесли в свой интерьер новшества и даже надели кимоно, удивите любимого виртуозным владением хаси и знанием основных японских застольных обычаев.

Вместо ложек и вилок японцы используют хаси — палочки для еды с заостренным концом. Они намного короче и тоньше китайских.

Хотите в полной мере ощутить прелесть японской кухни? Тогда научитесь есть с помощью палочек. И хотя это не самая сложная манипуляция, она требует определенной сноровки и навыков. Освоить использование хаси вам помогут приведенные ниже советы.

*Совет 1.* Верхнюю палочку держите большим, указательным и средним пальцами, а нижнюю зажмите основанием большого пальца.

*Совет 2.* Еду всегда берите сверху и не накалывайте на палочки.

*Совет 3.* Не трясите хаси, чтобы остудить еду.

*Совет 4.* Не втыкайте палочки в тарелку с рисом, поскольку в Японии это связано с погребальным обрядом.

**Совет 5.** Не жестикулируйте хаси и не передавайте на них еду другому человеку.

**Совет 6.** После еды положите палочки на самое низкое блюдо параллельно своему краю стола.

Если на стол подается сразу несколько блюд, не обязательно есть их по очереди. Можно пробовать все кушанья в любом порядке, но не из общей посуды, а положив понемногу в свою тарелку.

*Если вы будете есть блюда с помощью хаси, еда будет восприниматься вами совершенно по-другому, а трапеза приобретет особый колорит.*

## Японские кулинарные традиции

Основу современной японской кухни составляют овощи, бобовые, рыба и морепродукты. Мясо, молочные продукты, жиры и сахар в Японии популярностью не пользуются. Самым почитаемым продуктом питания является рис. Японцы считают трапезу завершенной только тогда, когда в ней присутствует блюдо из риса, которое подают в отдельной чашке. Если к столу подают саке, рис едят в самом конце трапезы с супом-мисо или консервированными овощами. Дело в том, что саке делают из риса, а блюда и напитки из одних и тех же ингредиентов в Японии не принято употреблять одновременно.

## Рыба по-токийски

*450 г филе морской рыбы, 150 г риса, 50 г клюквы, 2 столовые ложки соевого соуса, 2 столовые ложки растительного масла, 1 пучок зеленого салата, 1/2 пучка зелени укропа, соль и перец.*

Рыбу промойте, нарежьте крупными кусками, посолите, поперчите и обжарьте в растительном масле. Рис отварите в подсоленной воде, откиньте на сито. Листья салата и зелень укропа вымойте. Клюкву вымойте, протрите через сито и смешайте полученное пюре с соевым соусом. Листья салата выложите на блюдо, на них положите рыбу и рис. Полейте клюквенно-соевым соусом, украсьте веточками укропа.

# Салат «Самурай»

*200 г копченого мяса, 50 г оливок, 2 маринованных огурца, 1 красная луковица, $^1/_2$ пучка зелени петрушки, 1 столовая ложка растительного масла, 1 столовая ложка соевого соуса, 1 чайная ложка тертого хрена.*

Мясо нарежьте кубиками, огурцы — кружочками. Лук очистите, вымойте, мелко нарежьте. Зелень петрушки вымойте и мелко нарежьте. Смешайте мясо, огурцы, лук и петрушку, добавьте растительное масло и соевый соус, перемешайте, выложите в салатник. Украсьте салат оливками и тертым хреном.

# Салат «Восходящее солнце»

*150 г рисовой лапши, 200 г отварных очищенных креветок, 200 г шампиньонов, 1 луковица, 1 стручок болгарского перца, $1/2$ пучка зелени петрушки, 1 столовая ложка растительного масла, 1 чайная ложка семян кунжута, соль и перец.*

Лапшу отварите, откиньте на сито. Шампиньоны промойте, нарежьте ломтиками, обжарьте в масле, посолите, поперчите. Лук очистите, вымойте, нарежьте кольцами. Болгарский перец вымойте, удалите плодоножку и семена, нарежьте полосками. Зелень петрушки вымойте, измельчите. Смешайте лапшу, креветки, шампиньоны, лук, петрушку и болгарский перец, выложите в салатник, посыпьте семенами кунжута.

# Салат «Тофу»

*150 г соевого сыра,
150 г замороженной стручковой фасоли,
150 г шампиньонов, 50 г очищенного арахиса,
1 морковь, 1 пучок зеленого салата, $^1/_2$ пучка зелени петрушки, 1 столовая ложка растительного масла, 1 столовая ложка соевого соуса, соль.*

Фасоль отварите в подсоленной воде, откиньте на сито, нарежьте небольшими кусочками. Шампиньоны промойте, мелко нарежьте, обжарьте в растительном масле.

Морковь отварите, очистите, нарежьте кружочками. Арахис нарубите, соевый сыр нарежьте небольшими кубиками. Зелень петрушки вымойте, мелко нарежьте. Листья салата вымойте, выложите на блюдо. Смешайте соевый сыр, фасоль, грибы, арахис и и морковь, заправьте соевым соусом, выложите на листья салата. Посыпьте петрушкой.

# Французское свидание

Приготовив блюда французской кухни, вы, конечно, порадуете себя и любимого. Но только этого для свидания по-французски мало. Французы — непревзойденные романтики. Попробуйте перенять их опыт, освоив приемы обольщения и познав тайны французского поцелуя.

## Обольщение по-французски

*Француженки прекрасно знают, как завоевать сердце понравившегося мужчины, и используют для этого кокетливые взгляды, жесты, улыбки. На первый взгляд кажется, что в кокетстве нет ничего сложного, но на самом деле это настоящее искусство, своеобразный театр для одного зрителя. Лучше всех преуспели в этом француженки. Если вы решили провести свидание по-французски, доставьте своему любимому удовольствие, освоив основные приемы обольщения. Запомните: мужчинам очень нравится, когда с ними кокетничают.*

Кокетство — это несловесные, невербальные сигналы, которые извещают мужчину, что он нравится женщине и она хотела бы привлечь его внимание. Кокетство выражается в особых движениях головы, в пристальном, внимательном и заинтересованном взгляде, едва заметных движениях рук, многообещающей улыбке. Все это позволяет партнеру почувствовать, что он вам интересен. Мужчины так же, как и женщины, нуждаются в постоянном внимании, и если возлюбленная не удовлетворяет эту потребность, они отправляются на поиски той женщины, которая не разочарует их.

Француженки уверены, что кокетство — это не только отличный способ завоевать сердце избранника, но и лучшее средство, поддерживающее огонь любви и страсти.

Какое же поведение считается кокетливым? Невозможно стать кокетливой, пристально глядя в глаза любимому, наклонив голову набок и не выражая при этом никаких чувств. Во взгляде, улыбке, едва заметных движениях головы ваш избранник должен читать искреннюю заинтересованность, любовь, нежность, страсть и желание ему понравиться. И не путайте кокетство с жеманством. Последнее большинство мужчин очень раздражает.

*Мужчина счастлив с той женщиной, которая вызывает восхищение окружающих, но при этом ее внимание принадлежит только ему.*

Кокетство предполагает творческий подход не только к своему поведению, но и к внешнему виду. Как уже отмечалось выше, это маленький театр для одного зрителя. Каждая женщина бывает разной. Это зависит от настроения, стиля одежды, темы разговора, гормонального фона и даже погоды. Поэтому не застревайте в одной роли, сдерживая себя и стараясь быть всегда одинаковой. Это скучно. Вам даже не придется ничего придумывать, просто позвольте себе быть разной в общении с любимым: маленькой девочкой, светской львицей, заботливой матерью, хорошим товарищем, собутыльницей. Мужчины любят разнообразие и редко изменяют тем женщинам, которые постоянно интригуют их.

*Кокетничайте с любимым не только наедине, но и в гостях. Однако никогда не кокетничайте при нем с другими мужчинами.*

Плохо, когда отношения вошли в привычку. Вспомните строчку из стихотворения А. С. Пушкина: «Привычка свыше нам дана, замена счастию она...» Так стоит ли счастье общения заменять привычкой? Даже если ваши отношения с любимым продолжаются очень долго, не привыкайте к нему и не давайте ему привыкнуть к себе. Будьте каждый день разной и, разумеется кокетливой, — в общении, в постели и даже... в скандале. Француженки считают высшим пилотажем кокетства, когда женщина сексапильна в ссоре.

## *Макияж без ошибок*

*Готовясь к романтическому свиданию, вы наверняка позаботились о наряде, прическе и макияже. Вы же хотите нравиться своему избраннику! Многие женщины, пользуясь декоративной косметикой, допускают ошибки, неправильно подбирая тон макияжа и неверно накладывая его. Прислушайтесь к советам французских визажистов и научитесь пользоваться декоративной косметикой так, чтобы она украшала, а не портила ваше лицо.*

**Тон.** Самая распространенная ошибка при нанесении тона — его количество. Тональным кремом ни в коем случае нельзя злоупотреблять. Если у вас кожа без дефектов, можете обойтись вообще без тона или использовать его в минимальном количестве, а если проблемная — маскируйте тоном только недостатки, а не покрывайте им лицо будто штукатуркой. Вы должны добиться эффекта очень тонкой пленки плотного грима. Обратите внимание на оттенок тонального крема. Многие женщины выбирают его темнее, чем цвет их кожи. Это тоже является ошибкой, поскольку после наложения тона сразу бросается в глаза линия, отделяющая белую шею и покрытое гримом лицо. Запомните: оттенок тона обязательно должен совпадать с цветом кожи.

**Пудра** помогает корректировать мелкие недостатки, а также устраняет блеск кожи. После нанесения жирного тонального крема лицо обязательно следует припудрить. Правда, в настоящее время существуют новые формулы тона, которые не бликуют при ярком свете и, следовательно, не требуют припудривания. Если вы не пользуетесь тоном, то под пудру нужно нанести немного увлажняющего крема.

**Тени.** Распространенной ошибкой в использовании теней является неправильный выбор их цвета. Помимо этого, не все знают, что под определенный цвет теней требуется и определенная техника их нанесения. Перламутровые тени следует растушевывать только на верхнем веке и под бровями, а матовые — и на верхнем веке, и в его складке. Также матовыми тенями можно подводить глаза. Еще одной ошибкой является то, что многие женщины наносят на кожу вокруг глаз крем и, не дожидаясь, пока он впитается, накладывают тени.
В результате они ложатся неровно и скатываются, портя весь макияж. Правильнее будет или подождать, пока крем впитается, или, если нет времени, слегка припудрить кожу вокруг глаз.

*Компактную пудру можно наносить только на увлажняющий гель или крем. После нанесения тона или жирного крема лучше припудрить лицо рассыпчатой пудрой.*

**Подводка для глаз** требует ювелирной точности нанесения. Неправильно пользуются подводкой в основном женщины, имеющие узкие и маленькие глаза. Чтобы зрительно увеличить их, они подводят верхнее веко. Этого делать ни в коем случае не следует. Лучше подвести нижнее веко и нанести на ресницы объемную тушь. И забудьте о голубой подводке в сочетании с черной тушью: такой макияж портит даже самое привлекательное лицо.

**Тушь.** При ее использовании следует обратить внимание не только на цвет, но и на правильность нанесения туши, имеющей разное назначение. Если вы неаккуратно наложите объемную тушь, ресницы слипнутся и на них образуются комочки туши. Удлиняющую тушь наносят 3–4 слоями. Каждый последующий слой накладывают только после высыхания предыдущего.

*Румяна.* Женщинам с европейской внешностью лучше всего использовать румяна розовых тонов или цвета загара. Румяна коричневой палитры старят лицо, создают впечатление усталости и портят макияж. Такая косметика подходит только женщинам с восточным типом лица.

*Губная помада, блеск* и *карандаш для губ.* Текстура современной губной помады и блеска для губ позволяет вообще не подводить губы карандашом. Но если это необходимо, следует выбирать цвет карандаша, совпадающий с оттенком губной помады. При выборе его не забывайте о том, что светлые тона косметики для губ смягчают их контур, а темные, наоборот, подчеркивают.

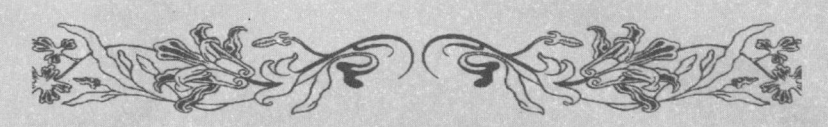

*При нанесении макияжа придерживайтесь золотой середины. Если любимый сказал, что вы сегодня хорошо накрашены, — это не комплимент. Комплимент звучит по-другому: «Ты сегодня отлично выглядишь!»*

# Волшебство французского поцелуя

*Французский поцелуй — это волшебство. Это поцелуй, во время которого соединяются души влюбленных. Поцелуй, позволяющий ощутить волнение, радость и незабываемое наслаждение.*

Понятие «французский поцелуй» пришло в русский язык как элемент французской культуры, которая всегда считалась наиболее тесно связанной с темой любви. Во Франции этот поцелуй называют поцелуем душ и без него не обходится ни одно романтическое свидание. На сегодняшний день это самый популярный поцелуй влюбленных во всем мире.

Лучшим началом подобного поцелуя являются разнообразные поцелуи губами с полуоткрытым ртом. Не удивляйтесь, если у вас от волнения забьется сердце — в таких обстоятельствах это более, чем естественно. Если ваш возлюбленный тоже немного нервничает, проведите языком по его нижней губе — это поможет ему расслабиться и приоткрыть рот. Как только это произойдет, начните двигать языком.

Как правило, инициатором французского поцелуя является один из партнеров. Если вы взяли инициативу на себя, сначала языком будете работать только вы. Когда любимый ответит вам, наступит самый захватывающий момент поцелуя — борьба языков, возбуждающая игра, в которой не бывает, как правило, ни победителя, ни побежденного.

*Только в поцелуе можно услышать стучащие в унисон два сердца, биение которых с каждой секундой ускоряется. Только в поцелуе можно почувствовать вкус человека, ощутить его волнение, которое невозможно скрыть. Только в поцелуе можно закрыть глаза и отправиться вместе с любимым в удивительную страну под названием «счастье».*

# Гороскоп гурмана

Во всем мире французов не только считают самыми романтичными, но и признают как лучших знатоков в области кулинарии. А еще во Франции огромной популярностью пользуется гороскоп гурмана. Француженки уверены, что кулинарные пристрастия мужчин в основном зависят от их знаков Зодиака. Попробуйте и вы приготовить любимому блюдо в соответствии с его гороскопом.

**Овен.** К еде он подходит с точки зрения охотника и предпочитает есть то, что самолично добыто им. Но не всем Овнам предоставляется возможность поохотиться или порыбачить, и чаще всего они употребляют те блюда, в названии которых присутствует слово «охотничий». Больше всего Овен любит мясо, приготовленное любым способом. Но если есть выбор, он предпочитает есть то, что готовится просто и быстро. Он не оценит, если вы весь день проторчите на кухне, делая пельмени, голубцы, пиццу и другие сложные блюда, но очень обрадуется, если вы угостите его жареными антрекотами, бифштексом, ромштексом или запеченной в духовке курицей. Гарнир Овен не уважает, а вот от соуса никогда не откажется. Супы, салаты, паштеты ему не по вкусу, поскольку он подозрительно относится к блюдам, состав которых сложно определить по виду. Овен должен знать, что именно он ест. Презрение и возмущение вызывают у Овна вегетарианские блюда, а также молочные каши. Любителем десертов его тоже назвать нельзя, хотя он и не откажется от кекса и шоколадного печенья.

**Телец.** Он очень любит поесть, и не просто перекусить, а поесть много и вкусно. Это человек, основательный во всем, в том числе и в приеме пищи. То, что другие люди считают полноценным обедом, для Тельца просто закуска. Например, на полдник он может перекусить омлетом с беконом, пирожком с мясом и куском сладкого пирога. Больше всего его привлекают блюда украинской кухни, недаром же астрологи считают Украину страной Тельца. Если вы приготовите ему настоящий украинский борщ с салом и сметаной, он будет очень доволен. Сало — непременный ингредиент большинства любимых блюд Тельца. Не откажется он и от свекольника, а также мясного супа с фасолью и рассольника. На второе Телец любит есть мясное блюдо с гарниром. Также он обожает изделия из теста — макароны, пельмени, галушки, вареники. Если же вы приготовите ему блины и пироги, он получит огромное удовольствие. Еще одним кулинарным предпочтением Тельца являются молочные блюда. На десерт он любит есть торты, пирожные, песочное печенье, взбитые сливки и мороженое.

*Близнецы.* Своим легкомысленным отношением к еде Близнецы напоминают вечно спешащих куда-то подростков, которые перехватывают куски на ходу. Мужчину, родившегося под знаком Близнецов, вы никогда не увидите чинно и неторопливо обедающим с салфеткой за воротником. Близнецы будут есть то, что им подают, поскольку у них нет особых кулинарных пристрастий. Лучше всего им приготовить сэндвичи и несложный салат. А вот суп они не оценят, хотя солянку или окрошку иногда едят с удовольствием. На второе Близнецы предпочитают есть мясо птицы — жареное или приготовленное на гриле, но без соуса и особых изысков. На гарнир ему можно подать сырые овощи или зелень, а на десерт — фруктовый салат, оладьи с вареньем, вафли, зефир или мармелад.

*Рак.* Он считается самым большим гурманом, но отдает должное не только качеству еды, но и ее количеству. Если Раку нравится блюдо, он может съесть очень

*Неслучайно в астрологии страной Близнецов считается Америка, которая дала миру сеть ресторанов быстрого питания. В Америке изобрели гамбургеры, чизбургеры, чипсы и хот-доги. И это то, что Близнецы любят больше всего. Французы, которые возвели обед в ранг светского развлечения, считают подобную еду издевательством над людьми.*

*Пригласив на ужин Тельца, приготовьте как можно больше разнообразных блюд, но никогда не угощайте его одними бутербродами, канапе, тарталетками и фруктами — Телец никогда не оценит такой легкомысленный подход к романтическому ужину.*

много. Его нельзя назвать всеядным. У каждый Рака обязательно имеется стойкая антипатия к какому-либо продукту или блюду. Предпочтение он отдает рыбе и морепродуктам, хотя не откажется и от тушеного мяса, котлет и пельменей. Жареное мясо он не особенно любит. В качестве гарнира ему можно предложить картофельное пюре, цветную капусту, спаржу. Ни один Рак не откажется от пикантных соусов. Единственное условие: они не должны быть слишком острыми. Также Рак любит паштеты, блюда из яиц, молоко и творог. На десерт он выбирает крем, пирожные, печенье, кекс.

**Лев.** Он отдает предпочтение жареному мясу. Причем, предпочитает огромные куски с золотистой корочкой, обильно приправленные специями, зеленью, чесноком и томатным соусом. Суп он не оценит точно так же, как гуляш, котлеты и пельмени. А вот от домашней буженины и окорока он никогда не откажется. Любит он крупную рыбу, жареную или запеченную целиком, и морепродукты — королевские креветки и омары. Единственный гарнир, который признает Лев, — это картофель-фри. Вообще, он обожает красивые и большие блюда, которым место на свадьбе или банкете. Он придет в восторг, если вы зажарите для него, например, целого гуся или приготовите паэлью — традиционное испанское блюдо. А Испания, согласно астрологии, является страной Львов. Трапезы Льва редко заканчивается десертом. Он лучше съест еще одну порцию мяса, чем отведает кусочек торта. Но если он все же согласится на десерт, подайте ему большие и сладкие фрукты, лучше всего апельсины или манго. Не откажется он и от темного шоколада, особенно под коньяк.

**Дева.** Прежде чем готовить для мужчины романтический ужин, выясните, сидит ли ваш избранник на какой-нибудь из многочисленных диет — творожной, яблочной, капустной и т. п. Дело в том, что все Девы — приверженцы здорового образа

*В астрологии странами Рака считаются Литва и Индия. Именно поэтому он так любит блюда из протертого картофеля, которыми славится прибалтийская кухня, а также блюда из риса с овощными приправами, неизменно присутствующими в меню индийцев.*

жизни и периодически соблюдают диету или питаются проросшими злаками. Они едят только здоровую и полезную пищу. Если ваш избранник родился под знаком Девы, бифштекс с хрустящей корочкой, острое мексиканское блюдо и салат-фьюжн вызовут у него неподдельный ужас. Он никогда не будет есть острые, пряные и жирные блюда. Зато не откажется от овсянки, свежих овощей и фруктов. Можете смело угощать его витаминным салатом и овощным супом-пюре, вареной или тушеной рыбой, а также паровыми биточками и котлетами. На гарнир ему можно подать овощной салат или отварной картофель. Макаронные изделия и жареный картофель он есть не будет. На десерт он с удовольствием съест фруктовый крем или салат.

*Страной Девы астрология считает Японию. А японцы, как известно, ради здоровья могут есть то, что другие люди считают абсолютно несъедобным.*

*Страной Весов в астрологии считается Англия, где особое значение придается посуде, в которой подаются блюда. Если ваш избранник родился под знаком Весов, внимательно отнеситесь к сервировке стола, а также к оформлению блюд.*

**Весы.** Кулинарные пристрастия этого знака в основном определяются общепринятыми тенденциями и модой. Трапеза для него является целым ритуалом, в котором необходимо строго придерживаться всех позиций: рюмочка аперитива, салат, закуска, первое, второе, десерт, сыр, чашечка кофе.

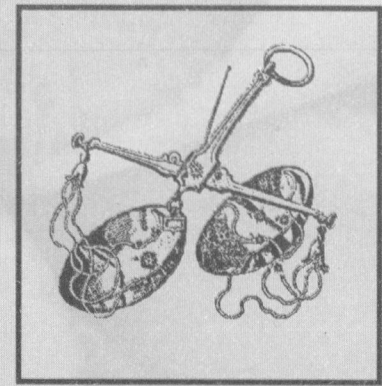

Если вы подадите на ужин полуфабрикаты, Весов это оскорбит. Не понравится им огромный кусок мяса и рассыпающийся торт. По мнению этого знака, еда должна быть не только красивой и вкусной, но и удобной. Поэтому мясо необходимо нарезать небольшими кусочками, а вместо огромных бутербродов сделать изящные канапе. На первое подайте прозрачный бульон из мяса птицы с гренками или фрикадельками, а в качестве закуски — овощи или яйца, фаршированные салатом. Кроме того, Весы обожают салаты-коктейли, мясные рулеты и паштеты. На второе можете приготовить бефстроганов, гуляш, азу, филе птицы, свинину по-китайски, тушеные почки, а на десерт — суфле с фруктами, меренги с орехами, маленькие пирожные, взбитые сливки, консервированные фрукты, мороженое с шоколадом.

***Скорпион.*** В астрологии этот знак знаменит своей неисчерпаемой сексуальностью. И еду он предпочитает достойную настоящего мачо, — горячую и острую, но в то же время полезную и высококалорийную. Ему нравятся мидии, устрицы, яйца, грибы, красная и черная икра, сметана, сельдерей, спаржа и многие другие продукты-афродизиаки. Он равнодушно относится к супам и редко соглашается отведать щи, но ни за что не откажется от супа-харчо. Салаты он любит сытные: с грибами, яйцами, мясом, морепродуктами, орехами. И овощей уважает только баклажаны, сельдерей и спаржу. На второе предпочитает есть мясо, обязательно предварительно замаринованное. Одно из его самых любимых мясных блюд — это шашлык. К мясному блюду ему надо подать томатный, грибной, соевый или винный соус. Не откажется он и от красной рыбы. Для Скорпиона вы смело можете готовить экзотические блюда — он оценит их по достоинству. Хотя он не особо любит сладкое, никогда не откажется съесть на десерт восточные лакомства или горький шоколад с миндалем.

***Стрелец.*** Он с удовольствием ест то, к чему его приучили с детства. Поэтому в зависимости от его вкусов вы можете приготовить щи, борщ, рассольник, грибной суп, мясо с гречневой кашей или картофелем, голубцы, котлеты. Но иногда Стрельцу просто необходим «праздник вкуса».

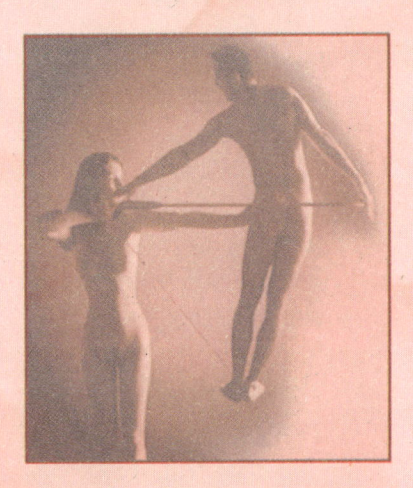

В такие моменты своей жизни он не упускает возможности попробовать нечто экзотическое. Особенно привлекают его острые блюда. Недаром же астрология считает странами Стрельца Мексику, Перу, Аргентину и Грузию. Поэтому,

*Если ваш избранник родился под знаком Скорпиона, можете смело готовить для него блюда восточной кухни. Он с аппетитом съест шашлык из баранины, плов, салат из редьки с мясом и зернами граната, пахлаву, лукум.*

вы не ошибетесь, приготовив ему куриные крылышки по-мексикански, острый салат с мясом, суп-харчо, басурму, сациви, шашлык. Не забудьте подать к горячему острый соус с чесноком, томатами и обилием специй. На десерт он с удовольствием съест торт с экзотическими фруктами.

**Козерог.** Аскетичного Козерога нельзя причислить к гурманам. Он ест немного и, как правило, всегда одно и то же. Он не любит сложные блюда. Предпочитает овощные и картофельные салаты и любые рыбные блюда с гарниром из риса, картофеля и овощей. С удовольствием ест все блюда из картофеля, не отказывается и от кисломолочных продуктов. Сладкое Козерог любит, но, например, бисквитный торт со взбитыми сливками будет для него слишком тяжелым. На десерт ему лучше подать вафельный торт, выпечку из слоеного теста, овсяное печенье, фруктовое мороженое, ягодный мусс. Он будет очень доволен, если вы угостите его джемом из брусники, черники, клюквы или голубики.

**Водолей.** Он весьма беспечно относится к вопросам питания, поскольку не любит тратить время на еду. К тому же ему все равно, что он ест. Единственное, чего он не выносит, — это однообразие. Предпочтение Водолей отдает русской кухне. Если вы предложите ему закуску из маринованных грибов, соленых огурцов, а также сельдь под шубой, заливное из языка, холодец и щи, он будет доволен. Салаты его не привлекают, но от винегрета он не откажется. В качестве второго блюда для него лучше приготовить рыбу (осетра, судака, лосося) или пельмени. Больше всего Водолей любит пироги. К сладкому он относится равнодушно, но никогда не откажется от фруктового желе и меренг.

**Рыбы.** Покладистый в быту мужчина, родившийся под знаком Рыб, может быть очень привередливым в еде. Однако он никогда не скажет прямо о своих пристрастиях. О его неприязни

*В астрологии страной Рыб является Таиланд. Наверное, поэтому люди, родившиеся под этим знаком, обожают острые супы, которыми так славится таиландская кухня.*

к тому или иному блюду можно судить только по страдальческому выражению его лица. Больше всего он любит рыбу, причем ест он ее в любом виде. Помимо рыбы, вы можете предложить ему мясо. Только выбирайте нежные сорта — телятину, свинину, курицу. Мясо лучше всего тушить или приготовить из него тефтели, биточки, котлеты, фрикадельки с подливкой. Второе блюдо для Рыб не обойдется без гарнира, вернее, сразу нескольких его видов. Рыбы любят, когда в одной тарелке подают сразу несколько гарниров, например картофельное пюре, отварной рис, тушеные и свежие овощи, маслины, маринованные грибы, квашеную капусту. Свою трапезу Рыбы начинают с салатов, причем с таких, которые больше напоминают паштеты. Они любят, чтобы салат состоял из огромного количества измельченных продуктов и был обильно заправлен майонезом или сметаной. На десерт мужчине, родившемуся под знаком Рыб, можно предложить все, что угодно. Но предпочтение он отдаст хорошо пропитанному сиропом бисквиту с фруктами и взбитыми сливками.

## Французская кухня

*Французы — всемирно признанные гурманы. Их пристрастие к еде равносильно, пожалуй, интересу к любви и романтике, в которых, как известно, у французов нет равных. Именно поэтому, устраивая свидание по-французски, вы должны одинаково серьезно отнестись как к романтической, так и к кулинарной части вечера. Характерной особенностью французской национальной кухни является изобилие овощных блюд и кушаний из морепродуктов (устриц, креветок, морских гребешков, лангустов). Неотъемлемой частью французской трапезы считаются сыр, ветчина, а также блюда из яиц, грибов, рыбы и мяса, обязательно приправленные соусами. Почти все продукты, использующиеся во французской кухне, являются мощными афродизиаками.*

## Салат «Елисейские поля»

*200 г отварного филе курицы, 100 г консервированных ананасов, 1 клубень сельдерея, 50 г ядер грецких орехов, 70 мл жирных сливок, 2—3 веточки укропа и петрушки, ягоды винограда для украшения, соль и перец.*

Клубень сельдерея очистите, вымойте, нарежьте соломкой. Филе и ананасы нарежьте небольшими кусочками, орехи нарубите. Зелень укропа и петрушки вымойте. Ягоды винограда вымойте, сделайте на каждой крестообразный надрез и отогните кожицу в стороны. Смешайте сельдерей, куриное филе и ананасы, посолите, поперчите. Разложите приготовленную смесь по вазочкам, полейте сливками и посыпьте орехами. Украсьте салат листиками зелени и ягодами винограда.

## Утка по-гасконски

*500 г мяса утки, 2 моркови, 2 помидора, 1 луковица, 150 г сыра, 1 пучок зеленого салата, 3 столовые ложки сухого белого вина, 1 столовая ложка топленого масла, соль и перец.*

Утку промойте, нарубите порционными кусками, посолите, поперчите. Морковь очистите, вымойте, натрите на крупной терке. Лук очистите, вымойте, мелко нарежьте. Сыр натрите на крупной терке. Помидоры вымойте, нарежьте кружочками. Листья салата вымойте, обсушите. Форму для запекания смажьте топленым маслом, выложите в нее куски утки, лук и морковь. Добавьте вино, накройте форму фольгой и поставьте на 45 минут в предварительно разогретую духовку. Затем снимите фольгу, посыпьте утку сыром и поставьте в духовку еще на 5–7 минут. Готовую утку разложите по тарелкам, украсьте кружочками помидоров и листьями салата.

# Печень по-бургундски

500 г говяжьей печени, 150 мл сухого красного вина, 2 огурца, 2 столовые ложки растительного масла, 2 столовые ложки муки, 1 столовая ложка зерен граната, 1 столовая ложка очищенных кедровых орешков, $1/2$ пучка зеленого салата, соль и перец.

Печень промойте, снимите пленку, нарежьте порционными кусками, посолите, поперчите и залейте красным вином. Оставьте на 15 минут, затем обваляйте в муке и обжарьте в разогретом растительном масле. Огурцы вымойте, нарежьте кружочками. Листья салата вымойте, нарежьте тонкими полосками. Разложите печень по тарелкам, вокруг положите кружочки огурцов. Посыпьте зернами граната, кедровыми орешками и украсьте полосками салата.

# Форель а-ля Марсель

*2 форели, 3 помидора, 1 лимон, 1 зубчик чеснока, 2 столовые ложки оливкового масла, 2 столовые ложки консервированного зеленого горошка, 2—3 веточки укропа, соль и перец.*

Лимон вымойте, разрежьте пополам, из одной половины выжмите сок, вторую нарежьте фигурными ломтиками. Чеснок очистите, вымойте, измельчите с помощью чеснокодавилки, смешайте с оливковым маслом и лимонным соком. Подготовленную форель натрите солью и перцем, положите в форму для запекания, полейте смесью масла, лимонного сока и чеснока. Поставьте в предварительно разогретую духовку на 20 минут. Помидоры вымойте, нарежьте кружочками. Зелень укропа вымойте. Готовую форель разложите по тарелкам, оформите кружочками помидоров. Украсьте ломтиками лимона, зеленым горошком и веточками укропа.

Ваша сексуальная энергия бьет через край, и вы чувствуете, что избранник испытывает то же самое? Но вместе с этим вы настроены романтически и мечтаете превратить свидание в настоящую эротическую сказку, испытав вместе с любимым неповторимые ощущения? Отступите хотя бы немного от банальности, организовав незабываемый чувственный вечер.

## Возбуждающий массаж

*Создать друг у друга чувственный настрой вам поможет эротический массаж, который является великолепной прелюдией к сексуальной близости.*

Создав в комнате атмосферу чувственности, приготовив возбуждающие блюда, облачившись в сексуальный наряд и стойко выдержав официальную часть свидания, порадуйте себя и любимого эротическим массажем. Забудьте на время обо всем, рас-

# Эротическое свидание

слабьтесь, почувствовав себя героиней эротической сказки.

Чтобы сделать любимому эротический массаж, мало знать основные его приемы. Намного важнее настроиться на определенный лад и вложить в чувственные прикосновения всю свою любовь, нежность и сексуальную энергию. Если поглаживание тела партнера доставляет вам удовольствие, возбуждение передастся и ему и, независимо от того, насколько хорошо вы знаете методику массажа, ваши прикосновения вызовут у любимого огромный прилив чувственности.

Основные приемы эротического массажа — это круговые, веерообразные и разминающие движения, которые следует осуществлять боковой поверхностью больших пальцев и кончиками остальных пальцев. Каждый прием вы можете повторить несколько раз: сначала интенсивно, потом с ослаблением нажима, а затем едва касаясь кожи кончиками пальцев.

Стоит отметить, что интенсивное нажатие, которое многие пары при выполнении эротического массажа оставляют без внимания, эффективно снимает мышечное напряжение, способствует расслаблению массируемого и повышает его восприимчивость к удовольствию от следующих этапов массажа. Начните массаж с круговых движений ладонями в одном направлении. Помассируйте затылок и плечи партнера, а затем спину, двигаясь в стороны от позвоночника. Проведите ладонями по ягодицам и бедрам, а затем вновь помассируйте спину.

Вы можете использовать круговые движения в любой последовательности, но заканчивать их лучше всего под ягодицами, поскольку с этого участка тела удобнее всего переключиться на следующий, самый эффективный, прием эротического массажа — скольжение. Освоить его вам не составит труда.

*Возбуждающий массаж прекрасно помогает раскрыть сексуальный потенциал партнера: прикасаясь к различным участкам его тела, вы узнаете о расположении его главных эрогенных зон.*

Расположите руки на ягодицах партнера таким образом, чтобы пальцы были направлены к его голове. Наклонитесь, почти опираясь на спину партнера, перенесите вес тела на руки и начните медленно продвигаться вверх, вдоль позвоночника, доходя до плеч. У вашего любимого создастся впечатление, что на него накатывается огромная волна, которая через мгновение накроет его с головой.

После этого приема начните ласкать тело партнера, прикасаясь к нему кончиками пальцев или ногтями. Сделайте несколько круговых движений, затем приступите к движениям вверх-вниз и из стороны в сторону. Хорошо, если при этом вы будете менять интенсивность нажима и амплитуду движений от относительно большой до минимальной.

*Как оздоровительный, так и эротический массаж лучше всего начинать со спины, массируя сначала затылок, шею, плечи и спину, а затем ягодицы и ноги. Массаж передней поверхности тела следует начинать с шеи и плеч. Затем нужно массировать руки и только потом переходить к груди, животу, внутренней поверхности бедер и ног.*

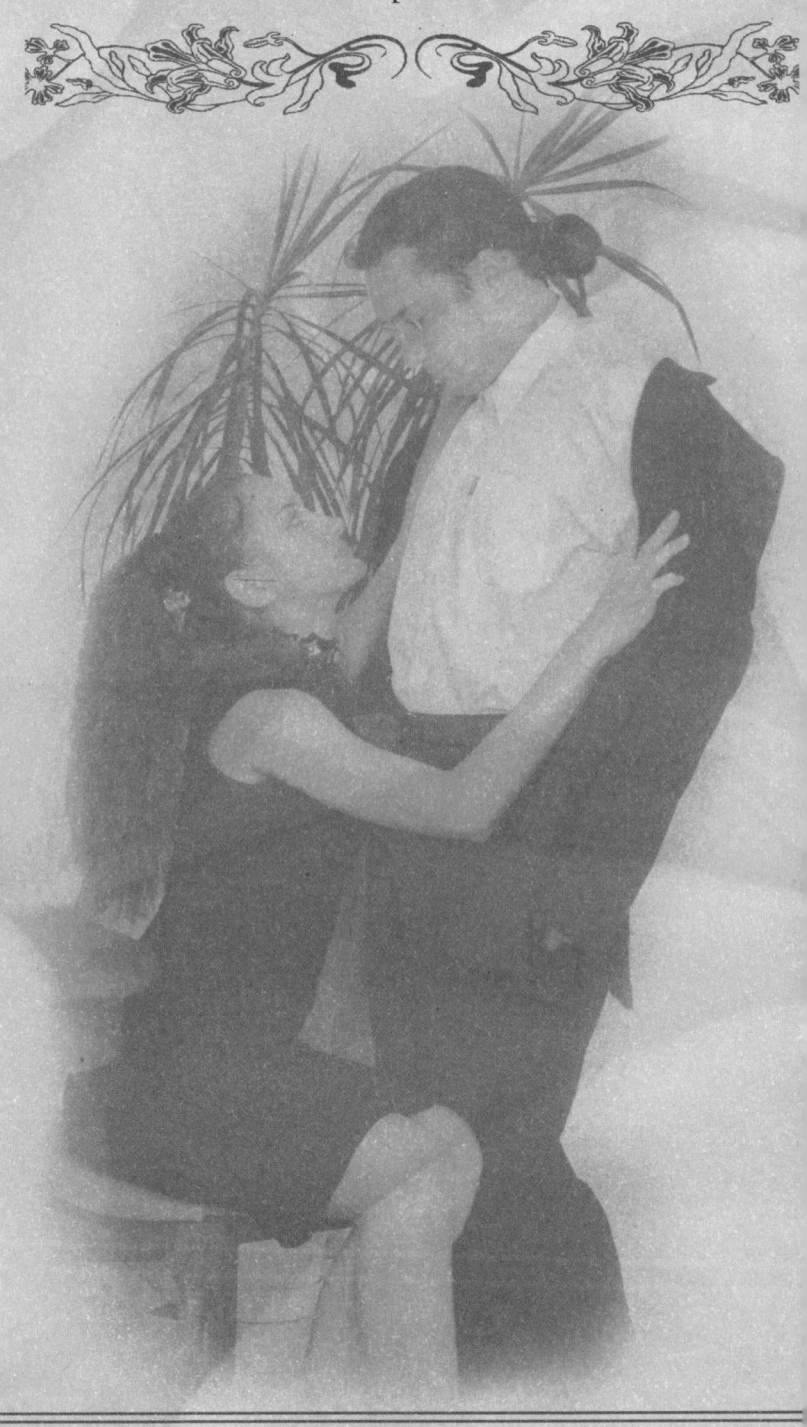

В качестве следующего приема можете использовать плавательные движения, которые похожи на круговые, но, в отличие от них, выполняются в противоположных направлениях и напоминают движения рук при плавании. Этот достаточно интенсивный прием больше всего подходит для массажа спины и ягодиц.

После энергичного воздействия следует перейти к успокаивающим приемам. Расслабляющий эффект дают легкие прикосновения к коже партнера. Проведя подушечками пальцев одной руки от плеч к ягодицам, выполните аналогичное движение в обратном направлении, одновременно приступив к движениям второй рукой. Постарайтесь менять руки незаметно — это создаст у любимого ощущение одного долгого, непрерывного поглаживания.

*Во время эротического массажа не забывайте о том, что прикосновение к таким участкам тела, как соски, внутренняя поверхность бедер и половые органы, вызовет у партнера наибольшее удовольствие.*

Не менее приятные ощущения доставят партнеру надавливания большими пальцами на различные участки тела или небольшие круговые движения суставами пальцев. Оба приема, особенно при их чередовании, прекрасно снимают мышечное напряжение.

Что касается разминания, то оно подходит для массажа области спины, ягодиц, боковой и передней поверхности бедер, плеч и основания шеи. Этот прием лучше всего выполнять двумя руками, положив их одну рядом с другой на массируемый участок тела.

Захватите пальцами одной руки участок кожи, мягко сдавите его и слегка оттяните на себя образовавшийся валик. Потом отпустите его и тут же захватите другой рукой.

Разминание одного и того же участка тела повторите несколько раз. На ягодицах и передней поверхности бедер прием следует выполнять более интенсивно. Для этого не только сжимайте и оттягивайте захваченный валик кожи, но и слегка подкручивайте его.

Такие участки тела, как шея, плечи, руки, поясница, внутренняя поверхность бедер, живот, грудная клетка, голени и ступни не нужно массировать столь энергично.

Прежде чем приступить к массажу, нанесите на ладони массажное масло или крем. И не забудьте добавить в него несколько капель возбуждающего эфирного масла.

При массаже ног, дойдя до ступней, поочередно массируйте их одной рукой, тогда как другой продолжайте массаж голеней или внутренней поверхности бедер. Можете массировать стопу по-другому. Одной рукой поддерживайте снизу ногу за лодыжку, а другой медленно вращайте стопу. Считается, что этот способ производит чрезвычайно возбуждающее действие, поскольку эффект от подобных движений доходит до тазовых и паховых мышц.

После общего массажа приступите непосредственно к возбуждающим приемам. В принципе, все приемы эротического массажа действуют на массируемого возбуждающе, но, чтобы добиться максимального эффекта, следует выполнить массаж эрогенных зон. Проведите кончиками пальцев по лицу партнера, прикоснитесь ими к его губам. Выполните поглаживание шеи, плеч, груди, рук, стараясь не пропустить ни сантиметра кожи любимого. Выполняя круговое поглаживание живота и проводя кончиками пальцев по внутренней поверхности бедер, вы можете провокационно прикоснуться к половым органам любимого, заставив его замереть от предвкушения наслаждения.

Сделав несколько провокационных прикосновений, выполните поглаживание груди всей поверхностью ладоней, прикоснитесь кончиками пальцев к соскам, слегка надавите на них. Затем помассируйте ушные раковины, уделив особое внимание мочкам ушей. После этого снова выполните поглаживание внутренней поверхности бедер, периодически прикасаясь к половым органам. На этом эротический массаж можно считать законченным, а что последует за ним, зависит только от вас и вашего любимого. Вы можете поменяться ролями или заняться чем-нибудь более интересным, чем массаж.

## Любимый цвет и сексуальность

А знаете ли вы, что существует тесная взаимосвязь между любимым цветом человека и его сексуальностью? Одежда, которую носит ваш возлюбленный, интерьер его дома, автомобиль — все это может рассказать о силе и особенностях его сексуальности.

*Красный.* Люди, предпочитающие красный цвет, отличаются бешеным темпераментом. Они быстро возбуждаются и готовы заниматься любовью круглосуточно. Если встречаются два любителя красного цвета, их сексуальные отношения напоминают извергающийся вулкан. Как мужчины, так и женщины, которым нравится красный цвет, часто бывают агрессивными, поэтому поклонникам более спокойных цветов следует проявлять осторожность в общении с ними.

*Желтый.* Сексуальная энергия любителя желтого цвета может легко адаптироваться к любой другой. Даже если он не согласен с сексуальными предпочтениями возлюбленной, он никогда не отвергнет ее предложение. Люди, предпочитающие желтый цвет, легко уступают желаниям своих партнеров. Кстати, согласно утверждениям сексологов, люди нетрадиционной ориентации любят желтый цвет больше других.

*Оранжевый.* Мужчины, предпочитающие оранжевый цвет, склонны к сексуальным фантазиям и экспериментам. Половой акт они рассматривают как увлекательный спектакль, где именно они играют главную роль. Кстати, эротическая прелюдия для них важнее самого секса, поскольку их воображение не знает границ, и часто они превращают предварительные любовные игры в настоящее эротическое шоу.

*Розовый.* Мужчины редко отдают предпочтение розовому цвету. Но если ваш партнер все же любит этот цвет, вас ждут сложные отношения. Как правило, такие мужчины обещают больше того, что могут дать. В сексуальных отношениях они придерживаются тактики постоянного маневрирования. Они донжуаны, не лишены склонности к кокетству и принадлежат к категории людей, которые назначают несколько свиданий на один вечер, но не приходят ни на одно из них, предпочитая попить пиво в компании приятелей.

*Пурпурный.* Любители этого цвета подходят к занятиям любовью чисто по-деловому. Их цель — получение удовольствия прежде всего для себя. Кроме того, они ненавидят спонтанный секс и никогда не поддаются искушению заняться любовью в лифте, на лесной лужайке, на берегу

Известно, что красный цвет действует на большинство людей возбуждающе. Создавая в комнате интимную атмосферу, накиньте на светильник крепдешиновый или тонкий шелковый платок этого цвета. Это поможет вам и вашему партнеру настроиться на эротический лад.

реки, в автомобиле и т. п. Секс для них — запланированное мероприятие, и готовятся они к нему тщательно. Мужчина, предпочитающий пурпурный цвет, никогда в порыве страсти не станет судорожно скидывать с себя вещи, бросая их на пол. Он спокойно разденется и сложит одежду таким образом, чтобы она не помялась.

***Черный.*** Большинство мужчин, предпочитающих черный цвет всем остальным, обладают тяжелым характером. Они, как правило, замкнуты, угрюмы, любят одиночество и часто имеют мазохисткие или садистские наклонности. Такие представители сильной половины человечества обожают сексуальные новшества и с удовольствием играют в ролевые игры.

***Зеленый.*** Мужчины, обожающие зеленый цвет, в сексуальных отношениях чисты и наивны. Довольно часто они всю жизнь занимаются любовью, как девственники. В сексе они легкомысленны и неуклюжи, но чрезвычайно обаятельны. В отношениях с любимыми такие представители сильного пола мягки и доброжелательны. Вступив в брак, мужчина, предпочитающий зеленый цвет, никогда не изменяет жене.

***Коричневый.*** Любитель этого цвета — настоящее сокровище для любой женщины. Такой мужчина очень внимательно относится к желаниям своей партнерши, верен ей и потакает всем ее слабостям, однако всего лишь одно ее грубое слово, даже сказанное сгоряча, может в корне переменить его отношение к ней. Он любит заниматься любовью подолгу и непременно в интимной обстановке.

***Серый.*** Этот цвет предпочитают нерешительные мужчины. На секс они часто смотрят как на супружескую обязанность или способ получить физическое удовлетворение. Вступив в брак, такой мужчина никогда не изменяет супруге. Он не любит сексуальных новшеств, всегда отказывается от эротических экспериментов и предпочитает всю жизнь заниматься любовью в одной и той же позе — той, в которой он получает наибольшее физическое удовлетворение.

*Для создания интимной атмосферы в комнате лучше всего выбирать красный цвет. Но не злоупотребляйте им. Обилие красного цвета может вызвать раздражение и даже агрессию.*

*Если вы и ваш возлюбленный предпочитаете одни и те же цвета, вас ждет полное взаимопонимание и гармония в сексуальных отношениях.*

***Синий****.* Любитель синего цвета — прекрасный сексуальный партнер. Он внимателен к своей возлюбленной и старается предугадать все ее желания. К сексу он относится как к одному из видов искусства и не только наслаждается им сам, но и дарит незабываемое наслаждение партнерше. Такой мужчина очень чувственен, но его страсть подобна морским приливам и отливам, а не бушующей огненной стихии.

***Голубой****.* Мужчина, предпочитающий голубой цвет, отличается добротой и романтичностью. Он любит устраивать романтические свидания, однако в сексе довольно примитивен. В то же время к партнерше он относится настолько нежно и ласково, что занятия любовью с ним превращаются для нее в настоящую сказку. Кроме того, он не изменяет своей любимой.

***Белый****.* Если мужчина обожает белый цвет, он по природе пуританин. Французский поцелуй и занятия любовью днем он считает непристойностью. Разумеется, он ни за что не согласится на спонтанный секс где-нибудь вне стен родного дома и не будет смотреть эротические кинофильмы. Игрушки из сексшопа его тоже не привлекают. Но, несмотря на все это, он заботливый, нежный и верный любовник.

## Эротический гороскоп

*Возможно, вам и без всякого гороскопа известны сексуальные пристрастия любимого. Но существует вероятность, что он рассказывает вам не все, а в интимных отношениях по какой-то причине не проявляет свои способности в полной мере. Вы можете попытаться самостоятельно узнать тайные желания возлюбленного, а можете довериться тому, что написано в его эротическом гороскопе. В любом случае у вас будет шанс сделать свидание более насыщенным в сексуальном плане.*

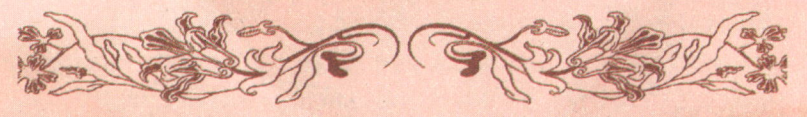

***Овен****.* Его незаурядный характер проявляется во всех отношениях с людьми, в том числе и в любовных. Чтобы добиться поставленной цели, он использует всевозможные уловки. Способен на коварство и обман и зачастую создает себе проблемы там, где их нет. Довольно часто для мужчины этого знака удовольствием является не сама сексуальная близость, а то, как он добивается ее. Он наслаждается своими любовными победами и иногда, добившись от женщины желаемого, тут же бросает ее, поскольку теряет к ней интерес. В сексе он может быть груб. И связано это не с его властным характером, а с тем, что он боится показаться несостоятельным в постели. Овен любит, когда партнерша восхищается его способностями любовника. Если он влюбляется, то становится мнительным и ревнивым. В качестве сексуальной партнерши он выбирает женщину, которая подчиняется ему и безоговорочно следует всем его прихотям. Если вы родились под знаком Льва, Близнецов или Стрельца, с Овном вас ждет полная сексуальная гармония.

*Чтобы завоевать сердце Овна, необходимо вселить в него уверенность в его неповторимых сексуальных способностях. Приобретя веру в собственные силы, мужчина этого знака будет внимательным сексуальным партнером и хорошим семьянином.*

**Телец.** Его уверенность в себе, чувство собственного достоинства, корректное и уважительное отношение к партнерше притягивает женщин, словно магнит. Многие представительницы прекрасной половины человечества стремятся к серьезным любовным отношениям с Тельцом. Хотя его трудно назвать изощренным любовником, страсть Тельца воспламеняет женщин. К тому же в близости он никогда не стремится подавить партнершу своей чувственностью и всегда учитывает ее сексуальные пристрастия. Если у вас серьезные отношения с мужчиной этого знака, готовьтесь к тому, что он будет постоянно ревновать вас. Стоит отметить, что в выборе сексуальной партнерши или спутницы жизни Телец абсолютно независим и полагается только на собственный вкус и опыт. Его практически невозможно соблазнить или поймать в сети всевозможными женскими уловками. Считается, что идеальными партнершами для Тельца являются женщины, родившиеся под знаками Девы, Козерога, Рака и Рыб.

**Близнецы.** Большинство мужчин, родившихся под этим знаком, — очень одаренные личности, отличающиеся чувственным восприятием окружающего мира. Они ценят женскую красоту и красоту сексуальных отношений. Однако это не всегда является залогом их талантливости в интимной сфере. Романтическое восприятие мира не всегда позволяет Близнецам правильно понять желание партнерши, поэтому момент близости может разочаровать последнюю. Другими словами, романтические образы питают его творчество, а не интимные отношения. Он нуждается в постоянной опеке и в качестве сексуальной партнерши предпочитает властную женщину, которая будет направлять его не только в творчестве, но и в постели. По мнению астрологов, больше всего Близнецам подходят женщины, родившиеся под знаками Водолея, Весов, Близнецов и Льва.

**Рак.** За ним тянется шлейф обиженных и покинутых женщин, которые не вызывают в нем чувство сострадания, поскольку он к нему просто не способен. В интимных отношениях он самоуверенный эгоист, сдобренный изрядной долей снобизма. Женщины с богатым жизненным опытом сторонятся мужчин этого знака, а вот молоденьким девушкам он

*Мужчина-Рак рассматривает супружество как покушение на личную свободу. Как правило, он подавляет свою жену, превращая ее в несчастное забитое существо. В браке с ним может быть счастлива только властная женщина, умеющая постоять за себя.*

может вскружить голову, но бросает их, как только ему становится скучно, даже не думая о том, что это приносит его бывшим партнершам страдания. Мужчина-Рак очень сексуален, но в постели зачастую заботится только о собственном удовлетворении. К тому же он может вести себя оскорбительно и цинично. Считается, что больше всего мужчине, родившемуся под знаком Рака, подходит партнерша, которая по гороскопу является Тельцом или Скорпионом.

**Лев.** У мужчины, родившегося под знаком Льва, много слабостей. Многие женщины даже и не подозревают, что под маской грозного льва скрывается добродушный, щедрый, заботливый и часто неуверенный в своих силах мужчина. Он боится допустить оплошность, поскольку уверен, что партнерша будет смеяться над ним. Из-за этого он постоянно находится в нервном напряжении. Правда, он умело прячет его глубоко внутри себя, тогда как внешне излучает спокойствие и уверенность в собственных сексуальных возможностях. Если партнерше удается раскусить его и убедить в том, что он на голову выше любого мужчины, он становится игрушкой в ее руках и потакает всем ее капризам и слабостям. Вообще Лев — очень сексуальный знак. Близость с ним — мечта каждой женщины. Именно поэтому многие представительницы прекрасного пола добиваются его внимания любыми путями, используя для этого самые что ни на есть изощренные женские уловки. Стоит отметить, что мужчина-Лев весьма падок на это: его легко обмануть, затащив в любовные сети. Согласно гороскопу, идеальными партнершами для него являются женщины, родившиеся под знаком Близнецов, Весов или Стрельца.

**Дева.** Мужчине, родившемуся под этим знаком, собранность, педантичность и любовь к порядку свойственны не только в делах, но и в сексуальной сфере. Его интимные отношения несколько осложняет стремление к ясности и простоте, а также некоторая робость. Часто сексуальным отношениям мешает его идеальное представление о женщине, в которую он влюблен. Однако его сексуальный потенциал очень велик, а нежность и забота о любимой не знают границ. Именно это очень часто привлекает к нему представительниц прекрасной половины человечества. Ведь мужчина-Дева способен удовлетворить самые изысканные сексуальные потребности партнерши. В постели он прежде всего заботится о ней, а не о себе. Идеальной подругой для него является женщина, родившаяся под знаком Льва.

**Весы.** Мужчина этого знака обладает прекрасным характером. Окружающие его уважают и любят. Женщин привлекает его изящество, элегантность, романтичность, умение делать комплименты. Однако не всем известно, что практически все мужчины-Весы просто одержимы жаждой секса. Они не могут обуздать свой бешеный темперамент и готовы к сексуальной близости всегда и везде. Правда, заниматься любовью с кем попало они не будут. Впрочем, мужчины этого знака не страдают от недостатка любви — у них всегда есть выбор. Если женщина не удовлетворяет его, он без зазрения совести отправляется на поиски новой партнерши. Завоевать сердце представителя знака Весов может только женщина, обладающая аналогичным темпераментом. Согласно гороскопу, сексуальной гармонии он может достичь с партнершей, родившейся под знаком Близнецов, Льва, Водолея, Овна или Стрельца.

**Скорпион.** Мужчина этого знака отличается темпераментностью. Он превосходный сексуальный партнер, однако, как в романтических, так и в интимных отношениях, способен на самые неожиданные поступки. Он запросто может предложить своей любимой в качестве романтической прогулки отправиться ночью на кладбище. Что же касается сексуальной сферы, то его привлекает все новое, неизведанное. Нестандартные позиции полового акта, игрушки из сексшопа, ролевые

---

*На отношение мужчины-Девы к любимой женщине может круто повлиять измена последней. В этом случае его одолевает жажда мщения, и он способен на весьма непредсказуемые поступки.*

игры — это далеко не полный перечень того, что возбуждает мужчину, родившегося под знаком Скорпиона. Однако он никогда не расслабится и не позволит себе попасть под чары партнерши. Личная свобода для него — самая большая ценность в жизни, а секс — приятный и увлекательный вид спорта. Его не привлекают доступные женщины, поскольку самое большое наслаждение он получает от победы над такой же, как и он, свободной и независимой представительницей прекрасной половины человечества.

**Стрелец.** Мужчину, родившегося под знаком Стрельца, редко можно увидеть в плохом настроении. Он всегда весел, добродушен, любит совершать благородные поступки и тянется к красивым романтичным женщинам. Однако он редко испытывает сильную привязанность к партнерше и не требует этого от нее. Другими словами, мужчина-Стрелец не отличается постоянством, хотя секс доставляет ему огромное удовольствие. Но в постели он заботится не только о себе, но и о партнерше. Правда, отдав ей все, на что способен, он уходит, сознавая, что не создан для длительного союза.

**Козерог.** Мужчина этого знака реалист и всегда правильно находит путь к заданной цели. Это относится не только к деловой сфере его жизни, но и к интимной. Он умеет найти подход к любой женщине и четко знает, что ей нравится, а что нет. Благодаря этому он легко добивается успеха, Но это вовсе не говорит о его легкомыслии и ветрености. Предмет страсти является для него объектом для поклонения. Секс для него всегда окрашен чувством, хотя свои сексуальные фантазии он тщательно скрывает даже от любимой женщины, считая, что она сама должна догадаться о его пристрастиях. Если это происходит, его влечение к избраннице еще более усиливается.

**Водолей.** Мужчина этого знака отнюдь не подарок для темпераментной женщины. Его сексуальные требования минимальны и он вполне обходится редкими связями, стремясь лишь к своему физическому удовлетворению и совсем не заботясь об удовольствии партнерши. Ему нравятся красивые женщины, сила темперамента и сексуальный опыт которых его абсолютно не волнуют. Если ему попадается более искушенная в интимных отношениях партнерша, он с удовольствием подчиняется ей.

**Рыбы.** Это один из самых чувственных знаков. Его внутренний мир очень богат, и сексуальные мотивы занимают в нем одно из первых мест. Его страстность, как магнит, притягивает к нему женщин. Секс с ним — это море удовольствия. К тому же, он прекрасно знает, что женщина «любит ушами», и способен своими речами свести с ума любую представительницу прекрасного пола.

## Блюда-афродизиаки

Для эротического свидания просто необходимо приготовить возбуждающие блюда. Добавьте к приготовленным вами кушаньям продукты-афродизиаки или воспользуйтесь приведенными ниже рецептами блюд, каждое из которых является мощным сексуальным стимулятором.

## Авокадо с креветками и пореем

*1 авокадо, 150 г замороженных креветок, 50 г оливок без косточек, 1 стебель лука-порея, 2 листа зеленого салата, 1 столовая ложка лимонного сока, 2—3 веточки укропа, соль и перец.*

Креветки отварите в подсоленной воде, очистите. Лук-порей вымойте, нарежьте кольцами. Листья салата и зелень укропа вымойте. Авокадо вымойте, разрежьте пополам, удалите косточку. Выньте мякоть, измельчите ее, посолите, поперчите, сбрызните лимонным соком и разложите по половинкам авокадо. Сверху положите листья салата, на них — лук-порей, креветки и оливки. Украсьте веточками укропа.

107

# Салат «Тет-а-тет»

*200 г пекинской капусты, 3 сваренных вкрутую яйца, 150 г замороженных креветок, 150 г консервированной кукурузы, 1 стручок болгарского перца, 30 г маслин без косточек, 1 столовая ложка оливкового масла, 1 столовая ложка лимонного сока, соль.*

Капусту вымойте, крупно нарежьте. Яйца очистите, разрежьте каждое пополам. Креветки отварите в подсоленной воде, очистите, оставив хвостики. Перец вымойте, удалите семена и плодоножку, нарежьте полукольцами. Маслины нарежьте кружочками.

Смешайте капусту, кукурузу и перец, посолите, добавьте оливковое масло и лимонный сок, перемешайте. Разложите по вазочкам. Сверху выложите половинки яиц, украсьте салат креветками и маслинами.

## Канапе с креветками

2 огурца, 150 г отварных очищенных креветок, 2 луковицы, 100 г бекона, 20 г маслин без косточек, по $1/2$ пучка зелени укропа и петрушки, соль.

Бекон нарежьте маленькими кусочками. Лук очистите, вымойте, мелко нарежьте, обжарьте на сковороде вместе с беконом, посолите. Огурцы вымойте, нарежьте наискосок ломтиками. Зелень укропа и петрушки вымойте. Маслины нарежьте кольцами. На ломтики огурцов выложите лук с беконом, сверху положите креветки. Украсьте канапе кольцами маслин и листиками зелени.

## Рулетики из семги с черной икрой

*250 г малосольной семги, 2 огурца, 2 сваренных вкрутую яйца, 1 столовая ложка черной икры, 1 столовая ложка сливок, соль.*

Огурцы вымойте, нарежьте фигурными ломтиками. Яйца очистите, нарубите (предварительно отрежьте ломтик для украшения). Семгу нарежьте тонкими ломтиками. Рубленые яйца смешайте с икрой и сливками, посолите. На ломтики семги выложите приготовленную начинку, сверните в виде рулетиков. Выложите их на тарелку, оформите ломтиками огурцов и яйца.

## Десерт «Сладкое искушение»

2 яблока, 200 г чернослива без косточек, 2 столовые ложки жидкого меда, 1 столовая ложка коньяка, 1 столовая ложка лимонного сока, 1 столовая ложка очищенных кедровых орешков, 1 столовая ложка рубленых ядер грецких орехов.

Яблоки вымойте, удалите сердцевину, нарежьте ломтиками. Чернослив вымойте в теплой воде, обсушите. Яблоки и чернослив разложите по тарелкам. Смешайте мед, лимонный сок и коньяк, полейте десерт приготовленной смесью, посыпьте орехами.

Если вы решили отправиться с любимым на природу, устройте романтическую трапезу на свежем воздухе. Разведите костер, приготовьте шашлык или запеките на углях картофель. Потрескивающие угли, аромат жарящегося мяса, легкий ветерок с водоема, пение птиц, шум деревьев, запах травы и прелых листьев — это все само по себе уже романтично. А когда рядом с вами находится любимый человек, пикник на природе приобретает особый смысл.

## Свидание на природе

*Воспоминания о дне, проведенном с любимым на природе, всегда доставляют удовольствие, поскольку подобные свидания являются самыми романтичными. Ведь сидя у костра в лесу или лежа на теплом песке на берегу реки, мы сразу же забываем обо всех своих делах, проблемах, о том, что нас расстраивает. В этот момент каждый человек, находящийся наедине с любимым, по-настоящему счастлив.*

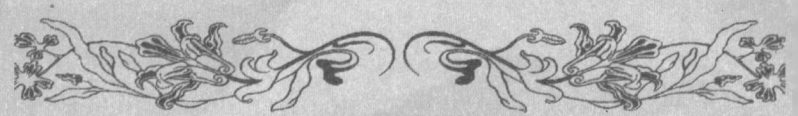

Как подготовиться к романтическому свиданию на природе? Что надеть, отправляясь с любимым в лес или на берег водоема? Ведь несмотря на то что ваша встреча проходит почти в походных условиях, вам, конечно же, хочется выглядеть хорошо. Разумеется, не следует надевать старые, пришедшие в полную негодность джинсы или растянутый спортивный костюм. Впрочем, вечернее платье на природе тоже будет неуместно.

Вам следует одеться в спортивном стиле, но в то же время сексуально. Не забывайте, что вы отправляетесь не в туристический поход, а на свидание. Хорошо сидящие на вас джинсы-стрейч и облегающая футболка прекрасно подойдут для пикника в лесу. Если же вы собрались купаться и загорать на

# Романтический пикник

Заранее подготовьте вещи, которые вам понадобятся. Позаботьтесь о легком покрывале, посуде, столовых приборах, салфетках, полотенце и, конечно, о продуктах и напитках. Собираясь на природу, лучше всего заблаговременно договориться с любимым о том, что вам надо с собой взять, и о том, кто из вас что готовит. А то может получиться так, что вы оба возьмете одно и то же, а о самом главном забудете.

Продумайте меню романтического пикника. Возможно, часть блюд вы приготовите дома, а может, решите все сделать, приехав на место. Если вы собираетесь жарить шашлык, заранее замаринуйте мясо, хотя, как правило, именно мужчины считают это своей святой обязанностью, так же, как и выбор напитков.

Кстати, отправляясь с любимым на природу, вы сможете узнать его с самой неожиданной стороны, то есть выяснить о нем много нового. Именно в походных условиях часто проявляются те

берегу водоема, вам следует выбрать легкий сарафан, короткие шорты и майку, а также не забыть про купальник и парео.

Что касается макияжа и прически, то, если возможно, лучше обойтись без них. Слегка накрасьте ресницы водостойкой тушью, расчешите волосы и, если они у вас длинные, заколите их.

А вот о начесе, укладке, лаке, пенке для волос, губной помаде и тональном креме желательно забыть. На природе нужно выглядеть естественно.

Провести время на природе наедине с любимым — это очень романтично. Хорошо, если у вас есть возможность отправиться на выходные в загородный дом (на дачу) или на турбазу. В этом случае вы можете всю ночь сидеть у костра, смотреть на звездное небо, наслаждаясь ночной тишиной и друг другом.

качества человека, которые он скрывает или не имеет возможности показать в полной мере. Поэтому внимательно наблюдайте за тем, как ваш друг оборудует место для пикника, разводит костер, жарит шашлык.

Обращайте внимание даже на мелочи. Ведь именно они часто позволяют выяснить, можно ли положиться на человека в той или иной сложной ситуации. Так что свидание на природе в любом случае пойдет вам на пользу, даже если в отдыхе на лесной лужайке или на речном песке вы не находите ничего романтичного.

## Игры для влюбленных

*Отдыхая с возлюбленным в лесу или на берегу водоема, вы весело проведете время, плавая, загорая, развлекаясь и придумывая различные игры — шуточные или романтичные.*

Если вы устроили пикник на берегу реки или озера, предложите любимому увлекательную романтическую игру. Лягте и положите на свое тело несколько кусочков шоколада или долек апельсина. Ваш друг с завязанными глазами должен найти их губами и съесть. После этого поменяйтесь ролями и продолжите игру.

Если вы склонны к подвижным шуточным играм, вам обязательно понравится следующая. Возьмите в зубы по большой ложке с апельсином, мандарином или яблоком, заведите руки за спину, сцепив их в замок, и устройте шуточный бой, стараясь уронить своей ложкой апельсин противника и не дать уронить свой.

Конечно, вы можете поиграть в мяч, поплавать наперегонки, понырять или просто перебросится в карты — в любом случае ваши развлечения будут романтическими, поскольку обстановка свидания как нельзя лучше склоняет именно к такому настроению.

# Учитесь говорить мужчине комплименты

Для мужчины пикник на природе является прекрасным поводом показать любимой свои чисто мужские качества характера. Ведь кто, как не он наколет дров, разведет костер, приготовит шашлык, поставит палатку (если вы, как настоящие туристы, отправились в поход с ночевкой), охладит в походных условиях напитки? На обыкновенном свидании вам вряд ли удастся наблюдать за такими его действиями. Поэтому обязательно похвалите любимого, но так, чтобы это выглядело естественно. Поверьте, комплименты, сказанные женщиной в адрес мужчины, обладают поистине магической силой.

Как известно, женщина любит ушами, а мужчина — глазами. Но настолько ли справедливо это утверждение по отношению к представителям сильной половины человечества? Конечно, нет. Каким бы странным вам это ни казалось, мужчины, как и женщины, просто обожают комплименты. Правда, не такие, какие радуют представительниц слабого пола.

Многие женщины четко знают, что мужчина должен быть сильным, уверенным в себе, независимым и мужественным. А раз так, то нечего баловать его, расхваливая на каждом шагу. И это становится их огромной ошибкой. Такие женщины, даже если они красавицы с модельной внешностью, как правило, несчастны в личной жизни и считают, что им просто не везет с партнерами. На самом деле это мужчинам не везет с ними, поскольку никто по терпит равнодушного отношения к своим поступкам со стороны любимой.

Девяносто девять представителей сильного пола из ста, какими бы уверенными они в себе ни казались, на подсознательном уровне просто жаждут одобрения со стороны любимой женщины. Но если для последней комплимент — лишний повод убедиться в своей привлекательности, то для мужчины это сигнал к действию.

Правильно сказать комплимент любимому

*Огромное значение имеет тон, которым вы произносите комплименты. Умиление и сюсюканье настоящий мужчина не оценит, зато он придет в восторг от слов, которые вы скажете, интимно понизив голос.*

мужчине — это целая наука. Впрочем, со сложностями в этом сталкиваются только женщины, не имеющие ни малейшего представления о воспитании детей. Какая связь между комплиментами мужчине и общением с детьми? Самая прямая. Поступать с мужчиной в определенной ситуации надо так же, как и с ребенком. Например, если малыш не может решить задачу, а мама называет его тупицей и неучем, после этих слов он вряд ли справится с домашним заданием. Если же ему сказать, что он умный, находчивый, сообразительный, задачка для него будет пустяковой.

То же и с мужчиной. Если, увидев его у порога с букетом цветов, вы с иронией скажете: «Ну, надо же, наконец-то ты догадался подарить мне цветы! Правда, я такие не люблю. Мог бы спросить, прежде чем покупать». Настроение мужчины будет безнадежно испорчено. Ведь он наверняка хотел порадовать вас, сделать вам приятное. Для таких поступков необходимы слова одобрения: «Какой потрясающий букет! Спасибо. Как ты догадался, что я люблю именно эти цветы? А как они пахнут! Ты такой внимательный, я тебя так за это люблю». Чувствуете разницу?

Вы всегда должны говорить искренне, без

*Если вы не находите нужных слов, сделайте невербальный комплимент. Нежно прикоснитесь к руке любимого, посмотрите на него с признательностью, ласково улыбнитесь ему.*

иронии. Как сделать это, если для вас какой-либо поступок любимого выглядит обыденно или, как в случае с цветами, вы знаете, что мужчина хотел вас порадовать, но у него это не получилось по независящим от него причинам? Вам необходимо не просто держать себя в руках, а подумать о том, что ваш любимый хотел сделать приятное именно вам и сильно расстроится, если вы не оцените его поступок. Поставьте себя на его место. Как бы вы себя чувствовали в аналогичной ситуации?

Научившись говорить мужчине комплименты, не вздумайте расточать их по поводу и без него. Перебарщивать с этим тоже не следует. Хвалить любимого и восторгаться им можно только по делу. В противном случае он перестанет верить вашим словам, и комплименты потеряют свою магическую силу. Кстати, чтобы комплименты возымели необходимое действие, вам нужно хорошо знать привычки и характер того, кому они предназначаются. При этом весьма важно определить для себя, оценка каких качеств значима для вашего партнера. Возможно, приготовление мяса на костре для него привычное дело, а вот рубку дров и разжигание мангала он считает для себя подвигом, и для него крайне важно, как вы отреагируете на его успехи. Однако существуют и общие закономерности, то есть комплименты, которые нравятся практически всем представителям сильной половины человечества. Так, для любого мужчины очень важна оценка его профессиональных качеств, а также сексуальных способностей.

Мужчины, как правило, делают женщинам комплименты за их чисто женские качества. И вам не следует забывать о том, что хвалить любимого нужно, оценивая только его мужские качества, то есть те дела и поступки, которые традиционно считаются мужскими.

## Блюда для пикника

У большинства людей пикник на свежем воздухе ассоциируется с шашлыком и барбекю. Если ваш любимый взял на себя обязанность угостить вас собственноручно приготовленным на углях мясом, волноваться вам не о чем. А что, если ваш друг вообще не имеет кулинарного опыта? Такое у мужчин бывает часто, и вам не следует обижаться на него и портить ему и себе настроение. Лучше займитесь приготовлением блюд для пикника вместе.

Легче всего, конечно, отправиться в магазин и купить полуфабрикат для шашлыка. Но ведь мясо, подготовленное для жаренья самостоятельно, намного вкуснее. К тому же ваш пикник — настоящее романтическое приключение, и вам просто необходимо проникнуться соответствующим настроением. И именно в этом вам поможет кулинарная подготовка к свиданию. Вы же хотите порадовать своего любимого, приготовить то, что ему не только понравится на вкус, но и пробудит в нем чувственность! К самостоятельно приготовленному мясу вы вполне можете добавить ингредиенты, являющиеся мощными афродизиаками, — зелень и различные пряности. Но прежде чем это делать, обратите внимание на приведенные ниже советы. Они помогут вам правильно выбрать мясо для шашлыка или барбекю.

**Совет 1.** Не жарьте на костре замороженное мясо — блюда из него получатся сухими и невкусными.

**Совет 2.** От свежести мяса зависит не только его вкус, но и то, как оно промаринуется.

**Совет 3.** Если вы хотите сделать шашлык из баранины, выбирайте окорок, если из свинины — окорок или шейку, если из говядины — вырезку.

**Совет 4.** Кусочки мяса для шашлыка и барбекю должны быть одинакового размера, в противном случае они будут пропекаться неравномерно.

**Совет 5.** Шашлык можно готовить из курицы или морепродуктов. Мясо птицы следует мариновать не более 30 минут, а дары моря вообще замачивать не нужно. Их достаточно посолить и сбрызнуть лимонным соком.

**Совет 6.** Готовя шашлык, шампуры необходимо переворачивать как можно чаще.

**Совет 7.** Жарить мясо лучше всего на березовых или дубовых углях.

# Свинина, запеченная в фольге

*500 г свинины, 2 зубчика чеснока, соль и перец.*

Свинину промойте, обсушите салфеткой. Чеснок очистите, вымойте, измельчите с помощью чеснокодавилки. Кусок мяса натрите со всех сторон солью, перцем и чесноком, заверните в пищевую фольгу и запекайте над раскаленными углями в течение 1–1,5 часа, периодически переворачивая. Готовое мясо нарежьте ломтиками поперек волокон.

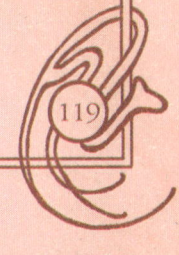

## Шашлык из баранины с овощами

*500 г баранины, 100 г пшенной крупы, 2 стручка болгарского перца, 2 луковицы, 6 помидоров черри, 3 столовые ложки сухого белого вина, $1/2$ пучка зелени петрушки, соль и перец.*

Баранину промойте, нарежьте небольшими кусочками, посолите, поперчите. Болгарский перец вымойте, удалите плодоножки и семена, крупно нарежьте. Лук очистите, вымойте, нарежьте кольцами. Зелень петрушки вымойте, нарубите. На шпажки нанижите вперемежку кусочки баранины, болгарского перца и кольца лука. Жарьте до готовности на гриле или на мангале над раскаленными углями, периодически переворачивая и сбрызгивая вином. Помидоры вымойте, обдайте кипятком, снимите кожицу. Пшенную крупу промойте, отварите до готовности в подсоленной воде, откиньте на сито и разложите по тарелкам. Сверху положите шашлык, украсьте помидорами и посыпьте зеленью петрушки.

# Шашлык из форели

*500 г форели, 2 помидора, 2 луковицы, 1 лайм, 2 столовые ложки оливкового масла, соль и перец.*

Подготовленную форель нарежьте небольшими кусочками, посолите и поперчите. Лайм вымойте, нарежьте кружочками. Помидоры вымойте, нарежьте крупными дольками. Лук очистите, вымойте, нарежьте кольцами. Подготовленные продукты нанижите вперемежку на шпажки, сбрызните оливковым маслом и жарьте до готовности на гриле или на мангале над раскаленными углями, периодически переворачивая.

## Шашлык из креветок с беконом

*200 г очищенных замороженных креветок, 150 г бекона, по 1 стручку зеленого и красного болгарского перца, 2 столовые ложки майонеза, 1 зубчик чеснока.*

Бекон нарежьте тонкими ломтиками. Перец вымойте, удалите плодоножки и семена, нарежьте кусочками квадратной формы. Креветки заверните в ломтики бекона, нанижите на шпажки вперемежку с кусочками перца. Жарьте до готовности над углями или на гриле, периодически переворачивая. Подайте с соусом, для приготовления которого смешайте майонез с очищенным, вымытым и пропущенным через чеснокодавилку чесноком.

# Итальянское свидание

Если пока у вас еще нет возможности отправиться в Верону, на родину романтических героев Шекспира Ромео и Джульетты, устройте свидание в лучших итальянских традициях. Спагетти с сыром и томатным соусом, пицца или паста, рыба с овощами и зеленью — если вы даже просто подадите это на ужин, то уже придадите свиданию итальянскую нотку. А если вы правильно подберете наряд, включите итальянскую музыку и исполните под нее зажигательный танец — вы из своей квартиры на время перенесетесь в солнечную Италию, проведя незабываемый вечер наедине с любимым.

## Встреча по-итальянски

Как ведут себя итальянцы на свидании? Поскольку их образ жизни несколько отличается от нашего, встреча с любимым человеком проходит у них не так, как у нас. Итальянцы — очень темпераментный народ, и «тянуть резину», когда рядом находится близкий человек, они не будут. Хотя сначала они обязательно разделят с любимым трапезу. Ведь в жизни всех итальянцев присутствует не только культ любви, но и еды.

*Итальянские мужчины всегда провожают на улице красивых женщин взглядом. Женщина в Италии не имеет возраста, она — всегда женщина. Попробуйте хотя бы на один вечер превратиться в темпераментную итальянку. Наденьте смелый наряд, чулки, туфли на высоком каблуке, уложите волосы, а главное, сами почувствуйте себя самой красивой и сексуальной на свете женщиной. Поверьте, результат будет потрясающим.*

Что еще, помимо ужина по-итальянски можно включить в сценарий свидания? Во-первых, не забудьте о романтической обстановке, во-вторых, тщательно продумайте свой наряд. Стоит отметить, большинство итальянок носят одежду ярких цветов, поскольку это как нельзя лучше соответствует их темпераменту. Но они горят не только сексуальным огнем, но и желанием завоевывать сердца мужчин. Впрочем, представители сильной половины человечества тоже не отстают от них. Итальянские мужчины не менее темпераментны, чем итальянские женщины.

Как же проходит типичное итальянское свидание? Чем отличается оно от встреч мужчин и женщин, к которым мы привыкли? Дело в том, что большинство русских женщин, соглашаясь на свидание, заранее думают о том, будут ли их отношения с понравившемся мужчиной продолжаться. Что касается итальянок, то они всегда готовы отправиться на встречу с симпатичным, на их взгляд, мужчиной, поскольку о развитии отношений они думают меньше всего. Они живут сегодняшним днем, их целью, как уже говорилось, является завоевание сердца любимого, причем не обязательно навсегда, а именно в настоящий момент. Это необходимо им для поддержания собственного женского имиджа, укрепления уверенности в своих чарах. Именно поэтому встреча итальянской пары начинается со взаимных комплиментов, многозначительных шуток и подарков.

Попробуйте и вы, встретив любимого, начать вечер с комплиментов и подарков. Вам необязательно бегать накануне по магазинам, выбирая для своего поклонника нечто умопомрачительное. Достаточно просто оказать ему знак внимания, вручив шуточный сувенир или компакт-диск с его любимой музыкой.

## Как не обидеть мужчину подарком

*Свидание по-итальянски не обойдется без подарка, который у итальянцев является обязательным знаком внимания влюбленных друг к другу. Вы можете подарить любимому прикольную безделушку, сувенир, интересную книгу, диск с только что вышедшим в прокат фильмом или нечто другое — выбор подарка зависит от того, насколько хорошо вы знаете вкусы и увлечения своего друга.*

Очень часто женщины выбирают подарок любимому на свой вкус. Забудьте об этом навсегда. Мужская психология кардинально отличается от женской, и в большинстве случаев подарки, которыми остаются довольны представительницы прекрасной половины человечества, не радуют сильный пол. Поэтому, отправляясь в магазин, представьте, что не вы выбираете подарок для любимого, а он для себя. Для этого вам надо всего лишь поставить себя на его место.

Не надейтесь, что он обрадуется плюшевому зайке, который вас привел бы в восторг, если, конечно, он не коллекционирует мягкие игрушки, что бывает очень редко. Другое дело пневматический пистолет, блесна, диск с программой, салфетки для протирания стекол в автомобиле или средство для полировки панелей салона, майку или шарф с логотипом его любимого футбольного клуба или, в конце концов, запись последнего футбольного матча, который он не посмотрел, и от этого не находит себе места. Да мало ли чем можно порадовать любимого! Главное, искренне желать этого.

Подарок должен стать сюрпризом для вашего друга. Это будет чисто итальянский поступок с вашей стороны. Поэтому не обрывайте накануне телефон любимого, приставая к нему с вопросами о том, что бы он хотел получить от вас в подарок. Вы всегда должны быть готовы к тому, чтобы безошибочно выбрать для друга ту вещь, которая его на самом деле обрадует. Для этого вам надо всего лишь научиться внимательно слушать любимого человека и из каждого разговора с ним делать для себя соответствующие выводы.

Эгоизм — это, конечно, полезное качество характера. Именно оно помогает многим представительницам прекрасной половины человечества добиваться от жизни всего, чего они только пожелают и, используя всевозможные женские уловки, привязывать к себе понравившегося мужчину, а потом жить с ним, заботясь только о себе, любимой. Но во всем должна быть мера. Мужчины, соединившие свою судьбу с такими женщинами, как правило, несчастны, потому что недополучают того внимания и той бескорыстной любви, на которую рассчитывали. И если вы на самом деле любите своего партнера, постарайтесь заботиться не только о себе. Задайте себе вопрос, способны ли вы радоваться жизни, зная, что ваш любимый несчастен.

Стоит отметить, что некоторые подарки могут не только оставить мужчину равнодушным, но и обидеть его. Поэтому при выборе сюрприза для любимого учтите приведенные ниже рекомендации.

**Совет 1.** Не покупайте подарок, который напоминает человеку о его недостатках или болезнях, например, шампунь от перхоти, средство против облысения или лекарственные препараты.

**Совет 2.** Нижнее белье вы можете подарить только мужу или мужчине, с которым живете вместе.

**Совет 3.** Подарок не должен вынуждать человека менять образ жизни. Например, дарить любимому котенка, собаку или аквариум с рыбками можно только после предварительной договоренности с ним.

**Совет 4.** Не следует дарить то, что может нанести вред человеку, например пиротехнику.

**Совет 5.** При выборе одежды, обуви, парфюмерии, ювелирных украшений будьте очень внимательны. Такие вещи можно дарить только в том случае, если вы на сто процентов уверены, что они подойдут любимому.

**Совет 6.** Религиозному человеку ни в коем случае нельзя дарить предметы, оскорбляющие его религиозные чувства.

**Совет 7.** Суеверному человеку не следует дарить то, что считается плохой приметой: носки, ножи, вилки, одну чашку, пустой бумажник, зеркало, мыло и т. п.

## Серенады и зажигательная тарантелла

*Включите итальянскую музыку и исполните для любимого зажигательный танец. И не важно, знаете ли вы основную схему знаменитой тарантеллы или другого традиционного итальянского танца, главное, не сдерживайте свой темперамент, выражая через движения свою страсть, любовь, желание. Ведь именно так поступает любая итальянка, исполняя чувственный танец для своего любимого.*

Еще век назад ухаживание итальянского мужчины за понравившейся ему женщиной не обходилось без исполнения любовных песен. Для этого парень со своими друзьями отправлялся под окна любимой и под аккомпанемент гитары пел ей серенаду, если свидание происходило вечером, или маттинату, если утром или днем. В знак одобрения женщина бросала возлюбленному из окна цветок. Конечно, в настоящее время эти традиции не соблюдаются даже в Италии, да и вашего любимого могут неправильно понять соседи, если он начнет петь у вас под окнами. Хотя на самом деле это было бы замечательно! Впрочем, есть альтернатива, ведь серенаду можно исполнить и дома. Другое дело, если ваш любимый не умеет играть ни на одном музыкальном инструменте и не обладает музыкальным слухом. В этом случае не стоит его просить петь для вас песню. Просто включите романтическую музыку, разумеется, итальянскую. Если же у вас есть записи с танцевальными композициями, сделайте своему мужчине сюрприз, исполнив зажигательный итальянский танец, например тарантеллу.

Традиционно этот танец исполнялся парой, однако уже несколько веков он считается чисто женским. Мужчины редко танцуют тарантеллу, тогда как многие итальянские женщины способны выразить через этот танец все свои чувства.

## Кулинарные традиции Италии

*В кулинарии Италию по праву можно назвать королевой. Итальянская кухня неповторима и разнообразна, ее блюда способны подарить незабываемое наслаждение. Недаром именно в этой стране существует настоящий культ еды.*

Хочется сразу отметить, что не существует так называемой итальянской кухни, поскольку в каждой области, районе и даже селении существуют свои специфические кулинарные традиции. Связано это с тем, что Италия долгое время была разделена на несколько самостоятельных государств, что и привело к такому огромному разнообразию рецептов приготовления одних и тех же блюд.

Однако ритуал приема пищи и ее приготовления в Италии везде одинаков. Поклонение любой трапезе проявляется во времени, которое итальянцы проводят за столом. По всей стране в полдень работа прерывается минимум на два часа — наступает так называемая сиеста. В это время итальянцы едят. Обед для них — настоящий спектакль, священнодействие, самое важное событие дня. Причем порядок принятия пищи всюду одинаковый. Первое блюдо обязательно включает макароны, рис или суп, второе — мясо или рыбу. Ко второму блюду обязательно полагается, как минимум, два-три гарнира из овощей. На десерт в Италии едят сыр и фрукты. Ко всем кушаньям обязательно подают вино.

Во всех итальянских провинциях самыми популярными являются блюда из макаронных изделий. Больше всего распространены спагетти и каннеллони. Последние представляют собой крупные полые макароны, которые сначала варят до полуготовности, а затем наполняют мясным фаршем с различными добавками и запекают в духовке.

Не меньшей популярностью в Италии пользуется лазанья — слоеная запеканка из макаронного теста, прослоенная мясным или овощным фаршем с соусом. Так же сильно любят в этой стране и равиоли — небольшие пельмени из макаронного теста. Их подают в томатном или сливочном соусе с тертым сыром. Стоит отметить, что все пасты с соусами в итальянской кухне относят, как и супы, к первым блюдам. Кстати, суп в итальянской кухне принято подавать с тертым пармезаном.

Нельзя не упомянуть о традиционном итальянском блюде — пицце. Сортов этого кушанья в Италии существует огромное количество. Особой же популярностью пользуется неаполитанская пицца, которую делают с грибами, яйцами, овощами, сыром или яблоками.

*Национальный напиток итальянцев — это вино. Кувшин с вином всегда присутствует на их столе. Поэтому, устраивая свидание по-итальянски, позаботьтесь, чтобы, наряду со вкусной пиццей, пастой и сыром, на вашем столе был этот напиток.*

## Спагетти с сыром

200 г спагетти, 150 г сыра, 2 помидора, 1 зубчик чеснока, 2 столовые ложки оливкового масла, по $1/2$ пучка зелени укропа и петрушки, соль.

Помидоры вымойте, крупно нарежьте, протрите через сито. Чеснок очистите, вымойте, пропустите через чеснокодавилку, смешайте с протертыми помидорами и оливковым маслом. Сыр натрите на крупной терке. Зелень укропа и петрушки вымойте, измельчите. Спагетти отварите в подсоленной воде, откиньте на сито, разложите по тарелкам. Полейте приготовленным ранее томатным соусом, посыпьте сыром и зеленью.

# Рыба по-средиземноморски

*400 г филе морской рыбы, 2 помидора, 1 огурец, 2 зубчика чеснока, 2 столовые ложки оливкового масла, по 2 веточки зелени укропа и петрушки, соль и перец.*

Рыбу промойте, нарежьте порционными кусками, посолите, поперчите, обжарьте в оливковом масле. Помидоры и огурцы вымойте, нарежьте кружочками. Чеснок очистите, вымойте, нарежьте. Зелень укропа и петрушки вымойте. В форму для запекания положите рыбу, помидоры и чеснок, посолите, поперчите, поставьте на 5–7 минут в предварительно разогретую духовку. Готовое блюдо разложите по тарелкам, украсьте кружочками огурца и веточками зелени.

# Паста с копченой макрелью

*200 г макаронных изделий, 200 г филе копченой макрели, 2 помидора, 1 луковица, 2 столовые ложки оливкового масла, 1 столовая ложка лимонного сока, $^1/_2$ пучка зелени укропа, соль и перец.*

Макаронные изделия отварите в подсоленной воде, откиньте на сито. Филе макрели нарежьте небольшими кусочками. Лук очистите, вымойте, нарежьте полукольцами. Помидоры вымойте, нарежьте дольками. Зелень укропа вымойте, мелко нарежьте. Смешайте макароны, филе макрели, помидоры, лук и укроп. Посолите, поперчите, добавьте оливковое масло и лимонный сок. Перемешайте, выложите в салатник.

# Салат «Прекрасная сеньорита»

*2 сваренных в мундире клубня картофеля, 2 помидора, 150 г пекинской капусты, 100 г консервированного мяса криля, 100 г консервированной кукурузы, 40 г маслин без косточек, 1 столовая ложка оливкового масла, соль.*

Картофель очистите, нарежьте кубиками. Помидоры вымойте, мелко нарежьте. Маслины нарежьте кольцами. Капусту вымойте, нарежьте. Смешайте капусту, картофель, помидоры, кукурузу и мясо криля, посолите, заправьте оливковым маслом, разложите по тарелкам. Украсьте салат маслинами.

# Свидание-маскарад

аскарад — это всегда интересное мероприятие, ведь на нем каждый выглядит не тем, кем является на самом деле, прячась под маской. А свидание-маскарад — это и вовсе необычно и увлекательно. Попробуйте, оставшись наедине с любимым, показать себя и посмотреть на него с самой неожиданной стороны. Наденьте маскарадный костюм — и тайна облаком окутает вас, добавив очарования и шарма.

Но, готовя костюм и репетируя перед зеркалом выдуманную роль, не забудьте о том, что свидание ваше все же романтическое, и оно не обойдется без шампанского, фруктов, шоколада, вкусных и полезных блюд и, конечно же, поцелуев и взаимных признаний в любви.

Вы можете заранее договориться о костюмах, выбрав, например, образы романтических литературных героев. В этом случае свидание-маскарад превратится в интересную ролевую игру, которая, можете не сомневаться, увлечет вас обоих.

## Подготовка костюма

*Прежде чем готовить костюм и соответствующую ему роль, поговорите со своим любимым, спросив, согласен ли он провести столь необычное свидание. Если он ответит положительно, заранее обсудите с ним все, что касается ваших костюмов. Возможно, вы захотите сделать друг другу сюрприз, не сообщая о том, какие костюмы наденете, или, наоборот, займетесь подготовкой нарядов вместе.*

В домашних условиях можно изготовить практически любой маскарадный костюм. Вам нужно лишь определиться с образом и немного пофантазировать.

Помимо костюма, вы скорее всего захотите надеть маску. Сделать ее очень легко. Для этого как нельзя лучше подойдет сатиновая, атласная или бархатная ткань.

Что касается самого костюма, то, как уже говорилось, он будет зависеть от образа, который вы выбрали. Единственное, что вам необходимо знать, — это из каких материалов лучше всего получаются те или иные детали костюма.

*Картон.* Из этого материала хорошо получаются объемные и плоские детали. Следует помнить, что головные уборы изготавливают из 4–8 картонных клиньев, которые потом склеивают между собой с помощью обруча.

*Плотная бумага* подходит для изготовления воротников, вееров и некоторых других деталей костюма. Воротник можно отделать по краям полоской гофрированной бумагой или кружевом, сделанным из тонкой белой бумаги.

*Тонкая бумага.* Из нее удобно делать завивающиеся детали: бахрому, парик, перья на шляпу, кружева.

*Папиросная и гофрированная бумага* подходит для изготовления жабо, манжетов, оборок, бантов, цветов, кружев.

*Папье-маше.* Из этого материала, как правило, делают объемные маски любой формы. Для этого размоченную в воде бумагу накладывают на смазанную любым жиром заготовку из пластилина или глины. Затем бумагу смазывают клеем и кладут сверху еще 3–4 слоя папье-маше, так же склеивая их между собой. Только после того как бумага просохнет, ее снимают с заготовки. Мешковина подходит для изготовления одежды. Она легко поддается раскрашиванию любыми красками. Из накрахмаленной мешковины вполне можно изготовить сапоги любой формы.

*Мягкая проволока.* Из нее удобнее всего делать каркасы для деталей костюма. Их можно обтянуть цветной бумагой или тканью.

*Даже если вы просто сделаете маску, изготовите веер, наденете кокетливую шляпку и длинное вечернее платье, вы уже почувствуете себя героиней бала-маскарада.*

# Как стать королевой бала

Во времена, когда маскарады были обычным явлением, таким же, как сейчас вечеринки и банкеты, на каждом подобном мероприятии всегда негласно выбиралась королева бала. Стоит отметить, что такое звание было не очень-то легко заслужить. Мало было просто красиво одеться и флиртовать со всеми мужчинами, важно было активно принимать участие в любой беседе, очаровывая присутствующих меткими замечаниями по той или иной теме. Конечно, на свидании-маскараде для своего мужчины вы в любом случае будете единственной и неповторимой, но все же ему будет намного приятнее, если вы с легкостью поддержите в разговоре любую интересующую его тему.

Для мужчины имеет значение не только внешность любимой, ее одежда и то, что находится под ней, но и характер женщины, а также ее умение поддержать любой разговор. Поэтому, если вы полный профан в теме, которую затронул ваш любимый в беседе, никогда не говорите ему, что вас это не интересует. Если вы хотите, чтобы ваши отношения с партнером развивались, вам необходимо знать основные правила разговора с представителями сильной половины человечества.

Дело в том, что у мужчин и женщин не только разная психология и неодинаковый взгляд на вещи, но и разный язык. Как вам это ни покажется странным, существует типично женский и типично мужской язык. Разумеется, их различия заключаются не в лингвистическом, а в ином, более тонком эмоциональном плане. И если вы хотите научиться понимать любимого и правильно быть понятой им, разговаривая с мужчиной, вы должны учитывать эти тонкости.

*Правило первое:* если инициатором предстоящего разговора являетесь вы, четко сформулируйте тему беседы. Конечно, ваш маскарад шуточный, но свидание все же есть свидание и, возможно, вам захочется именно в этот вечер поговорить с любимым о будущем или о том, что вас волнует или, напротив, радует в ваших отношениях. Скорее всего, вы начнете разговор так же, как и большинство женщин, заявив любимому: «Давай поговорим о наших отношениях!» Для муж-

*Одна из самых распространенных претензий любой женщины к близкому мужчине такова: «Мы говорим с ним на разных языках». Разумеется, это метафора, но она четко выражает суть различия психологической организации мужчин и женщин.*

чины подобная фраза звучит обобщенно, непонятно и поэтому тревожно.

Расплывчато сформулированные и слишком глобальные темы оставляют неясными рамки, в которых будет развиваться разговор. Для любого представителя сильного пола важен контроль над ситуацией, а в этом случае он его утрачивает. Он интуитивно понимает, что вы ждете от него каких-то действий, но, поскольку правила вашей игры ему непонятны, он теряется и раздражается.

Женщины ориентированы на сам процесс разговора, а мужчины — на его результат. А какой он может быть у разговора «о наших отношениях»? Поэтому вам следует формулировать тему предстоящей беседы более конкретно, в зависимости от того, что вы, например, имели в виду, затрагивая тему о ваших отношениях с любимым. Возможно, вы хотели просто узнать, почему он опоздал на свидание или спросить его, согласен ли он отравиться с вами на день рождения к вашей маме или подруге.

**Правило второе:** любой разговор с любимым заканчивайте конкретным выводами. Для мужчин непонятны пустые разговоры, к которым прибегают многие женщины с одной лишь целью — выговориться или «выпустить пар», то есть говорить только ради того, чтобы говорить.

Представителей сильной половины человечества это раздражает. Вы можете разговаривать подобным образом с подругами, а такое общение с любимым заранее обречено на неудачу.

Ваша «милая болтовня», даже если она соответствует образу, выбранному вами для свидания-маскарада, разочарует вашего партнера, как бы очаровательно при этом вы себя ни вели. Возможно, у начатого вами пространного разговора и есть какая-либо конечная цель, но мужчина никогда этого не поймет в процессе ваших разглагольствований. Дело в том, что представители сильной половины человечества не умеют проговаривать вслух все, что думают, как это делают женщины, как правило, они произносят только конечную фразу — результат.

Поэтому если вы хотите, чтобы любимый вас понял, а не «отключился» в первые же минуты вашего монолога, то проследите, чтобы любая ваша мысль заканчивалась конкретным выводом или предложением.

**Правило третье:** никогда не употребляйте выражений, задевающих самолюбие вашего партнера. В беседе с любимым мужчиной недопустимы любые нелестные слова по поводу его мужских качеств, обсуждение его недостатков, сравнение его с другими мужчинами. Стоит отметить, что представители сильной половины человечества намного чувствительнее женщин в негативной оценке кем-либо своих мужских качеств.

**Правило четвертое:** контролируйте свои эмоции. Вы, наверное, замечали, что, когда вы эмоционально рассказываете что-либо своему любимому, пытаясь выразить таким образом свои чувства, он начинает откровенно демонстрировать свое нетерпение или даже раздражение. Понимая, что он не слушает вас, вы негодуете и, «раз его ничего не волнует», устраиваете скандал. А вы не задавали себе вопрос, почему мужчина не слушает ваши эмоциональные излияния. Все дело опять же в мужской психологии. Он ждет, что вы конкретно, в нескольких словах, обрисуете ситуацию, а вместо этих нескольких слов ему приходится выслушивать длинный монолог не по существу, то есть не суть самой проблемы, а ваше отношение к ней. Это его напрягает.

Но есть и еще одна причина, по которой мужчины не любят эмоциональные женские жалобы. Дело в том, что когда вы высказываете любимому свои проблемы, то даете ему понять, что сами вы не в состоянии с ними справиться, то есть вы как бы перекладываете ответственность за их решение на него. Хорошо, если он в состоянии помочь вам. А если проблема касается ваших трудностей на работе, взаимоотношений с подругой, родителями, начальством. В этом случае вы поставите любимого в неприятное положение, поскольку при всем желании он, кроме как советом, ничем помочь вам не сможет.

Как же поступать в этих случаях? Во-первых, изложите свою проблему сжато, предоставив мужчине только самую важную информацию и, если у него возникнут вопросы, отвечая на них. И не забудьте в конце разговора добавить, что вы обсуждаете свои проблемы с ним, чтобы снять эмоциональное напряжение, высказаться и узнать его точку зрения по данному вопросу, пусть даже не сейчас, а после того как он подумает. Таким образом вы дадите любимому свободу выбора: хочешь — вмешивайся в мои дела, а не хочешь — я не обижусь.

*Если вы предоставите мужчине выбор, вероятность того, что он вам реально поможет, равна девяносто девяти процентам из ста.*

**Правило пятое:** не требуйте от мужчины постоянно говорить вам, что он любит вас. Если мужчина уже признался вам в любви, неважно как давно это было, не просите его ежедневно повторять это. Разумеется, каждой женщине это приятно, но постарайтесь смириться с тем, что вам ни за что не удастся объяснить любимому, почему вы постоянно хотите это слышать. И дело не в том, что он вас разлюбил: причина кроется в эмоциональных различиях мужчин и женщин.

## Блюда для фуршета

На свидании-маскараде прекрасной альтернативой традиционному ужину может стать фуршет. При подготовке подобной трапезы вам следует учитывать некоторые тонкости. Основная особенность фуршета заключается в его названии. В переводе с французского слово «фуршет» означает «вилка». Именно этот столовый прибор является основным для такого вида застолья. Во время фуршета гости едят и пьют стоя.

Как правило, для фуршета столы ставят в виде буквы «Т» или «П», но, поскольку ваша трапеза рассчитана только на двоих, вы вполне можете обойтись одним небольшим столиком, расставив на нем приготовленные закуски и напитки. Для украшения лучше всего использовать цветы или канделябр со свечами, однако постарайтесь не загромождать стол излишним декором.

Видов сервировки фуршетного стола существует два. Если стол расположен у стены, предполагается односторонняя сервировка, если в центре комнаты — двусторонняя. В центре стола поставьте вазу с фруктами и бутылки со спиртными и безалкогольными напитками, далее расставьте бокалы, фужеры и рюмки. После них поставьте стопкой тарелки, на них положите вилки и ножи. Затем же приступите к расстановке блюд. Рядом с каждой закуской положите щипцы или лопатку. Не забудьте поставить на стол соль, перец, соусы, хлеб и вазочку с салфетками.

Вообще фуршет подразумевает обилие холодных закусок, а также легкие спиртные напитки — шампанское, коктейли, вино. Ели вы планируете подавать горячее блюдо, заранее нарежьте рыбу или мясо порционными кусками.

## Трубочки из ветчины с каперсами

*250 г куриной ветчины, 70 г сыра, 2 сваренных вкрутую яйца, 2 столовые ложки майонеза, 2 столовые ложки каперсов, 2—3 редиса, 2—3 веточки укропа, соль.*

Ветчину и сыр нарежьте тонкими ломтиками, из ломтиков сыра вырежьте треугольники для украшения закуски.

Яйца очистите, нарубите, смешайте с каперсами и майонезом. Приготовленную начинку посолите, разложите по ломтикам ветчины и сверните их в виде трубочек. Зелень укропа и редис вымойте. Редис нарежьте кружочками, сделайте на каждом разрез до середины и соедините кружочки редиса попарно. Трубочки выложите на тарелку, оформите украшениями из сыра и редиса и веточками укропа.

139

## Помидоры, запеченные с креветками

*4 помидора, 200 г отварных очищенных креветок, 100 г сыра, 1 луковица, 1 столовая ложка сливочного масла, по $1/2$ пучка зеленого салата и зелени укропа, соль и перец.*

Помидоры вымойте, срежьте верхушки и удалите с помощью чайной ложки семена и часть мякоти. Сыр натрите на мелкой терке, зелень укропа и листья салата вымойте. Лук очистите, вымойте, мелко нарежьте, спассеруйте в сливочном масле, посолите, поперчите. Добавьте креветки, перемешайте и наполните помидоры приготовленной начинкой. Посыпьте сыром и поставьте в предварительно разогретую духовку на 10 минут. Готовые помидоры выложите на тарелки, выстланные листьями салата, и украсьте веточками укропа.

## Помидоры, фаршированные салатом из кальмаров

*6 небольших помидоров, 2 яйца, 150 г отварных кальмаров, 100 г консервированной кукурузы, 2 столовые ложки майонеза, 1 пучок зеленого салата, по 1/2 пучка зелени укропа и петрушки, соль.*

Помидоры вымойте, срежьте верхушки, выньте семена и часть мякоти. Зелень укропа, петрушки и листья салата вымойте. Зелень укропа мелко нарежьте. Яйца сварите вкрутую, очистите, нарубите. Кальмары мелко нарежьте, смешайте с кукурузой и яйцами, добавьте майонез и укроп, посолите, перемешайте. Приготовленным салатом наполните помидоры, выложите их на тарелки, выстланные листьями салата, украсьте веточками петрушки.

# Канапе с копченой рыбой

*3 сваренных в мундире клубня картофеля,
200 г филе копченой рыбы,
1 красная луковица,
$^1/_2$ пучка зелени укропа.*

Картофель очистите, нарежьте ломтиками. Филе рыбы нарежьте узкими полосками. Лук очистите, вымойте, нарежьте кольцами. Зелень укропа вымойте, измельчите. На ломтики картофеля выложите рыбу и лук, положите канапе на тарелку и посыпьте укропом.

## Салат «Пламя страсти»

*3 апельсина, 3 помидора, 200 г отварного куриного мяса, 150 г замороженной стручковой фасоли, 1 столовая ложка оливкового масла, соль и перец.*

Апельсины и помидоры вымойте. Один апельсин нарежьте дольками, из остальных вырежьте корзиночки. Один помидор нарежьте дольками, остальные – кубиками. Фасоль отварите в подсоленной воде, откиньте на сито, нарежьте небольшими кусочками.

Куриное мясо нарежьте небольшими кусочками, смешайте с помидорами и фасолью, посолите, поперчите, заправьте оливковым маслом. Разложите приготовленную смесь по корзиночкам из апельсинов, оформите дольками помидора и апельсина.

**К**ак вы проведете такое свидание, полностью зависит от вас, вашей фантазии и желания сделать своему любимому приятное. Как видно из названия, подобная встреча подразумевает сюрприз. Возможно, вы захотите подготовить партнеру подарок или кулинарный сюрприз, а может, разыграете его, включив в сценарий свидания шуточное развлечение.

## Сюрприз по гороскопу

*Если вы не знаете, что может удивить и в то же время обрадовать любимого, попробуйте выбрать ему подарок соответственно его гороскопу.*

**Овен.** Мужчина этого знака ждет от любимой обожания, поэтому и подарки, которые она ему дарит, должны в его представлении поднимать его статус. Он придет в восторг от аксессуаров для своего рабочего стола или уникальной ручки. Понравится ему и кожаная папка, визитница или хорошие сигары. Но самое важное, что вам необходимо приложить к любому подарку, — это ваше восхищение любимым и преданность ему.

**Телец.** Если вы стремитесь к браку с мужчиной этого знака или уже давно живете с ним вместе, в качестве подарка выберите то, что относится к домашнему хозяйству, семейной жизни, например банный халат или домашние тапочки. Если же вы не вынашиваете столь серьезных планов, купите любимому шелковый галстук или статуэтку, изображающую его знак зодиака или год рождения. Мужчина-Телец непременно обрадуется такому подарку.

**Близнецы.** Мужчина этого знака — романтик. Он ценит все прекрасное, поклоняется красивым женщинам, искусству, музыке, литературе. Поэтому, если ваш любимый родился под знаком Близнецов, проблем с выбором подарка у вас не будет. Отправляйтесь в книжный магазин и купите последнюю книгу

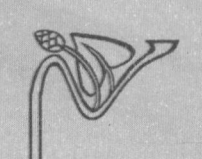

# Свидание-сюрприз

этого знака склонен убегать в мир иллюзий, лучшим подарком для него будет диск с интересным фильмом или билет на театральное представление.

*Мужчина-Рак оценит подарок, напоминающий ему о ваших отношениях. Вы можете подарить ему свою фотографию или даже картину, на которой вы изображены с ним вместе.*

его любимого писателя или иллюстрированный альбом по искусству. Обрадуется он и диску с записью его любимых музыкальных исполнителей. Однако ни в коем случае не дарите ему ничего такого, что может разрушить романтическую составляющую ваших с ним отношений, то есть то, что обычно жены дарят своим мужьям.

**Рак.** Несмотря на ореол романтичности, которым любит себя окружать мужчина этого знака, он очень эгоистичен. Поэтому вам не следует дарить ему то, что льстит его самолюбию, иначе он быстро сядет вам на шею и будет использовать ваше доброе отношение и любовь в своих целях. Поскольку почти каждый представитель

**Лев.** Самым важным в жизни для мужчины этого знака является власть и карьера. Его никогда нельзя критиковать и уж тем более относиться несерьезно к его поступкам. К выбору подарка для мужчины-Льва следует отнестись осторожно, тщательно проанализировав его вкусы и пристрастия. Он оценит красивый галстуками, дорогую парфюмерию. Однако если вы хорошо знаете своего партнера, то прекрасно понимаете, что лучшим подарком для него являетесь вы. Поэтому подарите ему столько любви, нежности и душевного тепла, сколько он заслуживает на самом деле.

**Дева.** Мужчина этого знака скрытен и склонен относиться ко всему скептически. Но вас это не должно пугать, поскольку он обладает таким и прекрасными чертами характера, которых нет ни одного другого знака, например стремлением к самосовершенствованию. Подарите ему издание древнего философского трактата, билет на концерт или в театр, это он оценит. А еще практически все мужчины-Девы — страстные коллекционеры и, если любимый посвятил вас в свое хобби, смело дарите ему все, что к этому относится. Если же вы затрудняетесь в выборе подарка, купите бутылку хорошего вина или коньяка — мужчины, родившиеся под знаком Девы, любят такие подарки.

**Весы.** Мужчины, родившиеся под знаком Весов, просто обожают быть в центре внимания, потрясая окружающих своим обаянием и экстравагантностью. И подарки им следует дарить, исходя из этого

*Если мужчина, родившийся под знаком Весов, курит, подарите ему дорогие сигары или хорошую трубку.*

Желательно, чтобы они были выполнены на заказ, например именной ежедневник, бокал с гравировкой или с его собственной фотографией. Обрадуется мужчина-Весы и оригинальным аксессуарам для рабочего стола.

**Скорпион.** Мужчина этого знака очень сексуален и склонен к излишествам абсолютно во всем. Он обрадуется любому подарку, который связан с чувственными удовольствиями. Он оценит кулинарный сюрприз, а также подарок, который возбуждает его сексуальность. Он относится к тому типу мужчин, которые приходят в восторг, когда любимая исполняет стриптиз или внезапно появляется перед ним обнаженной.

**Стрелец.** Мужчина этого знака часто маниакально заботится о своем здоровье и занимается спортом, поскольку не может смириться с мыслью о старости. Только мужчина этого знака может по достоинству оценить абонемент в тренажерный зал или бассейн, который вы ему преподнесете в качестве подарка. Любые атрибуты спорта и здорового образа жизни вызовут у него восторг. Кроме того, он ни за что не откажется от кулинарного сюрприза, приготовленного специально для него.

**Козерог.** Представитель этого знака очень целеустремлен, поэтому если он решил, что вы будете его женой, то вы обязательно ей станете. Многие мужчины-Козероги склонны к аскетизму, ненавидят веяния моды и не приемлют роскошь. Учтите это, выбирая подарок. Если ваш любимый родился под знаком Козерога, не дарите ему модные и вычурные вещи, он скорее оценит вашу экономность и изобретательность. Лучшим подарком для него будет полезная в хозяйстве вещь. И не забудьте об открытке с теплыми словами в его адрес. Любой мужчина-Козерог обрадуется бутылке коллекционного коньяка или вина.

**Водолей.** Мужчина этого знака впечатлителен, религиозен и трепетно относится ко всему мистическому.

*Мужчина-Козерог обязательно оценит, если вы приготовите специально для него какое-нибудь блюдо. Лучшим подарком для него будет ваша забота о нем.*

Поэтому символ его религии, книга о потусторонних мирах или талисман, подаренный ему вами, он оценит. К тому же все мужчины-Водолеи — натуры творческие. Многие из них пишут стихи, сочиняют музыку, рисуют или просто интересуются литературой и искусством. Поэтому все, что связано с творчеством, обязательно обрадует мужчину-Водолея.

**Рыбы.** Представитель этого знака склонен к меланхолии, беспокойству и мистике. Но, несмотря на все это, мужчина-Рыбы обожает комфорт, уют и постоянное внимание к своей персоне. Он придет в восторг, если вы приготовите его любимое блюдо, красиво сервируете стол, зажжете свечи и торжественно преподнесете ему подарок, в качестве которого прекрасно подойдет набор для бритья или собственноручно вышитая вами подушка-думка.

# Эротический сюрприз

Ни один мужчина не откажется от эротического сюрприза, преподнесенного ему любимой женщиной. И вам не стоит ломать голову над тем, чем можно поразить возлюбленного. Исполните для него стриптиз — от такого подарка он ни за что не откажется.

Стриптиз — это настоящее искусство, но чтобы овладеть им, не обязательно годами учиться, совершенствуя и оттачивая технику движений. Это танец-импровизация, и чтобы исполнить его, необходимы желание, чувственность и фантазия.

Вам мало будет просто раздеться под музыку, представ перед любимым в красивом нижнем белье или полностью обнаженной. Танцуя чувственный танец, вы должны расставаться с каждой деталью туалета настолько эротично, чтобы у вашего единственного зрителя захватывало дух от этого зрелища.

Любой танец начинается с музыки. Подберите чувственные композиции, но такие, под которые вам легко будет танцевать. Заранее запишите их на один диск в нужной последовательности.

Что касается одежды, то выберите такой наряд, который вы сможете снять без проблем, поскольку любая заминка может испортить весь ваш танец.

Для стриптиза лучше всего надеть юбку и застегивающуюся спереди блузку или короткое платье, которое легко снимается. Стоит отметить, что колготки в этом танце неуместны точно так же как и кроссовки, спортивные тапочки, сабо на шнуровке, сандалии и другая подобная обувь. В зависимости от стиля одежды, который вы выбрали, наденьте высокие сапоги, красивые босоножки или туфли на высоком каблуке. Чулки можете надеть любые, но более сексуально выглядят те, которые держатся на поясе или широкой кружевной резинке.

Заранее позаботьтесь об освещении. Оно не должно быть ярким, но в темноте вам тоже не следует танцевать. Поставьте источник света позади того участка комнаты, который вы выбрали в качестве сцены. В этом случае освещение будет для вас выгодным, поскольку подчеркнет все достоинства вашей внешности и сгладит недостатки.

*Ни в коем случае не спрашивайте любимого о том, хочет ли он, чтобы вы танцевали для него стриптиз. Можете не сомневаться, он хочет. Пусть ваш танец станет для него сюрпризом. Попросите его устроиться поудобнее на диване или в кресле, дайте ему бокал с его любимым напитком и, включив музыку, исполните чувственный танец, предназначенный исключительно для него.*

Вам не обязательно копировать движения, которые используют профессиональные стриптизерши. Ваша задача — двигаться красиво и чувственно, танцуя и раздеваясь в такт музыке. Но не спешите при первых же звуках музыкальной композиции скидывать с себя какой-либо предмет туалета. Сначала просто изящно двигайтесь под музыку, чувственно поглаживая свое тело, бросая игривые взгляды на любимого и тем самым приводя его в замешательство — пусть он подольше не узнает, какой сюрприз вы для него подготовили.

Когда вы поймете, что пора приступать непосредственно к сюрпризу, приподнимите подол юбки и снова опустите его. Поглаживая свое тело снизу вверх и не забывая при этом эротично двигаться, расстегните пуговицы на блузке, распахните ее и снова запахните. Повторите подобные движения несколько раз и только потом снимите эту деталь туалета.

Потанцевав еще немного, приступите к расставанию с юбкой. Для этого, игриво приподняв и опустив несколько раз подол, расстегните юбку и позвольте ей свободно упасть на пол, а затем перешагните через нее, продолжая чувственно двигаться.

Оставшись в чулках, туфлях и нижнем белье, несколько ускорьте темп танца, используя в качестве движений всевозможные наклоны и приседания. Вы можете даже сесть на пол и танцевать, меняя положение ног. Это выглядит весьма сексуально.

Расположившись на полу, скиньте туфли и начните снимать чулки. При этом следите за своей осанкой. Красиво снять чулки — это целое искусство, и вы можете испортить весь танец, если будете не правильно снимать эту деталь туалета. Чтобы это выглядело на самом деле эротично, согните ноги в коленях, приспустите чулки, а затем, бросив вызывающий взгляд на любимого, резким движением, снимите их. После этого чувственно проведите ладонями по ногам, встаньте и приступите к исполнению финальной части танца. А как будут развиваться события потом, зависит только от вас и вашего возлюбленного.

*Оставшись в одном нижнем белье, вы можете использовать два варианта дальнейшего развития событий: продолжая танцевать, снять пикантные детали туалета или, чувственно двигаясь, приблизиться к любимому, предоставив ему возможность помочь вам в этом.*

## Кулинарный сюрприз

*Готовясь к свиданию, не забудьте о кулинарной части вечера. Вам необходимо заранее продумать меню предстоящего ужина, который должен состоять из блюд-сюрпризов. Это могут быть просто интересно оформленные кушанья или какие-либо необычные блюда, отличающиеся особенным вкусом и ароматом.*

Если ваш любимый любит кулинарные эксперименты, угостите его салатом-фьюжн или какой-нибудь необычной закуской. Иначе говоря, забудьте о классическом меню — приготовьте что-либо оригинальное.

Полистайте кулинарные книги, журналы или воспользуйтесь приведенными ниже рецептами. Другими словами, смело экспериментируйте, ведь ваша цель — устроить любимому сюрприз.

И не забудьте о продуктах-афродизиаках. Добавив их в любое кушанье, вы превратите его в настоящий любовный эликсир.

## Жареный лосось с мочеными яблоками

*400 г филе лосося, 3 сваренных в мундире клубня картофеля, 2 мочёных яблока, 2 стручка болгарского перца, 1 зубчик чеснока, 2 столовые ложки муки, 2 столовые ложки оливкового масла, 1 столовая ложка лимонного сока, $1/2$ пучка зеленого лука, соль и перец.*

Филе лосося промойте, нарежьте небольшими кусками, посолите, поперчите, сбрызните лимонным соком. Обваляйте в муке, обжарьте в оливковом масле. Болгарский перец вымойте, удалите плодоножки и семена, нарежьте небольшими кусочками. Картофель очистите, нарежьте кубиками. Яблоки разрежьте пополам, удалите сердцевину, нарежьте ломтиками. Чеснок очистите, вымойте, измельчите. Зеленый лук вымойте, нарежьте. Смешайте рыбу, картофель, болгарский перец, чеснок и лук, разложите по тарелкам, украсьте ломтиками яблок.

151

## Макрель, запеченная с грушами

*500 г макрели, 2 груши, 4 клубня картофеля, 1 помидор, $1/2$ пучка зеленого лука, 1 столовая ложка оливкового масла, 1 столовая ложка панировочных сухарей, соль и перец.*

Макрель промойте, нарежьте небольшими кусочками, посолите, поперчите. Груши вымойте, удалите сердцевину, нарежьте крупными дольками. Картофель очистите, вымойте, нарежьте крупными дольками. Помидор вымойте, нарежьте ломтиками. Зеленый лук вымойте, мелко нарежьте. Форму для запекания смажьте оливковым маслом, посыпьте панировочными сухарями. Выложите в нее картофель, рыбу и груши, запекайте в предварительно разогретой духовке до готовности, затем разложите по тарелкам, украсьте ломтиками помидора и посыпьте зеленым луком.

## Яблоки по-берлински

*2 крупных яблока, 200 г куриной печени, 100 г винограда без косточек, 1 луковица, 1 столовая ложка топленого масла, 2—3 листа зеленого салата, 2 веточки петрушки, соль и перец.*

Куриную печень промойте, нарежьте небольшими кусочками. Виноград вымойте, нарежьте. Лук очистите, вымойте, мелко нарежьте. Салат и зелень петрушки вымойте. Яблоки вымойте, срежьте верхушки, удалите сердцевину и часть мякоти. Печень и лук обжарьте в топленом масле, посолите, поперчите, добавьте виноград, перемешайте и наполните приготовленной начинкой яблоки. Запекайте в предварительно разогретой духовке 15 минут, выложите на тарелку, выстланную листьями салата, и украсьте листиками петрушки.

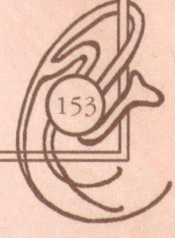

# Кабачки с креветочным соусом

*2 небольших кабачка, 2 моркови, 2 помидора, 1 луковица, 100 г бекона, 100 г вареных очищенных креветок, 100 г сыра, 4 столовые ложки майонеза, $1/2$ пучка зелени укропа, 1 зубчик чеснока, соль и красный молотый перец.*

Кабачки вымойте, нарежьте поперек кусочками длиной 6–7 см и удалите часть мякоти с семенами. Укроп вымойте, чеснок очистите и вымойте. Морковь и лук очистите, вымойте, мелко нарежьте. Помидоры вымойте, нарежьте небольшими кусочками. Бекон мелко нарежьте, обжарьте вместе с морковью и луком, добавьте помидоры, посолите и наполните приготовленной начинкой кабачки. Посыпьте натертым на мелкой терке сыром, запеките в духовке. Для приготовления соуса креветки измельчите в блендере с укропом и чесноком, добавьте майонез и красный молотый перец, перемешайте. Готовые кабачки разложите по тарелкам, отдельно подайте соус.

# Праздничное свидание

**В**ы собираетесь отметить грядущий праздник вдвоем с любимым или у вас есть особый повод для торжества? Возможно, это годовщина знакомства, свадьбы или еще какая-либо знаменательная для вас обоих дата? В этом случае вы можете превратить свидание в настоящий фейерверк чувств, создав праздничную атмосферу и тщательно подготовившись к предстоящему знаменательному событию.

## Атмосфера праздника и любви

*Как создать дома праздничную, но в то же время романтическую атмосферу? Для этого достаточно дополнить интерьер комнаты декоративными деталями, позаботиться о красивой сервировке стола и приготовлении праздничных блюд. Но вам не следует превращать помещение в банкетный зал. Не забывайте, что вы принимаете не высокопоставленных гостей, а своего любимого. И поэтому вам просто необходимо, помимо перечисленного выше, позаботиться о создании романтической атмосферы.*

Во-первых, необходимо дополнить интерьер комнаты элементами, подчеркивающими праздничную обстановку, то есть теми, которые изменят ее цветовую гармонию и освещение.

Избегайте бледных однотонных сочетаний, а также слишком ярких контрастных цветов.

Для оформления комнаты вы можете использовать воздушные шары, букеты цветов и свечи. Сервировка стола тоже должна быть праздничной. Стол накройте чистой и хорошо выглаженной скатертью, подчеркнув ее цвет тоном салфеток. Под нее положите другую скатерть из плотной хлопчатобумажной ткани, а затем расставьте посуду, соблюдая правила этикета.

Что касается освещения, то оно не должно быть слишком ярким. В то же время не следует сильно затемнять помещение. Зашторьте окна, зажгите один или два светильника, а также свечи. Это создаст в вашей комнате празднично-романтическую обстановку.

## Свет мой, зеркальце…

*Разумеется, на празднике, который вы проведете наедине с любимым, вам захочется выглядеть не просто хорошо, а потрясающе. А для этого вам необходимо не только подобрать соответствующий случаю наряд, сделать красивую прическу, но и наложить макияж так, чтобы ваше лицо преобразилось, а не напоминало лицо клоуна перед выступлением. И дело здесь не столько в косметике и правилах ее наложения, сколько в том, как вы смотритесь в зеркало и при каком освещении делаете макияж.*

Если вы хоть раз в своей жизни наблюдали, как наносят косметику профессиональные визажисты, манекенщицы и фотомодели, то, наверное, заметили, что в зеркало они смотрят снизу вверх. Вы же, скорее всего, делаете все наоборот. А ведь при взгляде в зеркало сверху вниз волосы, брови, нос и губы отбрасывают тени, которые дезориентируют вас в том, сколько косметики вам требуется и куда ее следует наложить. Поэтому главное, что вам следует запомнить при нанесении макияжа, особенно праздничного, — это правильное положение зеркала.

Второй составляющей красивого макияжа является освещение. Вы наверняка замечали, что при свете офисных ламп ваше лицо бледнеет, и ваш повседневный макияж выглядит на его фоне несколько вульгарным. А когда вы смотритесь в зеркало, расположенное в дамской комнате ресторана или театра, то вообще

Готовясь к праздничному свиданию, тщательно подберите тон косметики. Ваши губная помада и лак для ногтей обязательно должны не только подходить к вашей внешности, но соответствовать цвету выбранного наряда.

приходите в ужас от промахов, которые вы допустили при нанесении макияжа. Именно поэтому надо внимательно относиться не только к выбору места, где вы делаете макияж, но и к ситуации, для которой он предназначен.

Самый «правдивый» свет — это дневной. Даже если на улице пасмурно или темно, накладывать косметику в ванной недопустимо, поскольку именно неестественный яркий свет виноват в большинстве ошибок нанесения макияжа.

И еще о ситуациях, для которых предназначен ваш грим. Если ваше свидание проходит на природе при ярком солнечном свете, цвет вашей косметики слегка потеряет интенсивность, но в то же время будет хорошо заметен каждый штрих в вашем макияже.

Романтический полумрак тоже размывает цвет. Поэтому для такого макияжа лучше всего выбрать глубокие, насыщенные цвета. А вот флуоресцентный свет делает лицо болезненно бледным. Если вы отправляетесь в помещение с подобным освещением, наложите тональный крем или пудру теплого оттенка, а румяна выберите более яркие, чем обычно.

## Десерт для любимого

Ни одно праздничное свидание не обходится без десерта. Если вы пока не выяснили, какому сладкому блюду ваш любимый отдает предпочтение, воспользуйтесь приведенными ниже рецептами, каждый из которых подходит для представителя того или иного знака Зодиака. Согласно утверждениям астрологов, правильно подобранный десерт для любимого поможет вам завоевать его сердце.

## Клубничный пирог для Овна

*500 г свежей или замороженной клубники, 6 яичных белков, 100 г сахара, 1 столовая ложка сахарной пудры, 2 чайные ложки оливкового масла, 150 г взбитых сливок.*

Клубнику вымойте протрите через сито. Яичные белки взбейте с сахаром, смешайте с клубникой, выложите в смазанную оливковым маслом форму и выпекайте в разогретой до 180 °С духовке в течение 10–15 минут. Подайте к столу со взбитыми сливками.

## Ореховое суфле для Тельца

*150 г ядер грецких орехов, 5 яичных желтков, 12 яичных белков, 100 г сахара, 50 мл сливок, 2 чайные ложки оливкового масла.*

Орехи измельчите, смешайте с 2 взбитыми яичными белками, добавьте яичные желтки и сахар. Выложите полученную массу в кастрюлю и, помешивая, нагревайте на слабом огне в течение 5 минут. Затем остудите, смешайте с оставшимися взбитыми белками, выложите в смазанную оливковым маслом форму и выпекайте в разогретой до 160 °С духовке в течение 5 минут. Подайте к столу, полив сливками.

## Тыквенный десерт для Близнецов

*400 г мякоти тыквы, 100 г сахара, 5 яиц, 30 г сливочного масла, 1/4 чайной ложки корицы, 2 чайные ложки оливкового масла.*

Мякоть тыквы нарежьте небольшими кусочками, выложите в кастрюлю, добавьте 100 мл воды, варите до размягчения. Остудите, протрите через сито. Яйца разбейте, аккуратно отделите белки от желтков. Тыквенное пюре смешайте с 70 г сахара, желтками, корицей и размягченным сливочным маслом. Белки взбейте с оставшимся сахаром. Тыквенную массу выложите в смазанную оливковым маслом форму, сверху выложите взбитые белки, поставьте в разогретую до 150 °С духовку на 20–25 минут.

*В состав каждого из предложенных десертов входят продукты-афродизиаки.*

## Миндальный пирог для Рака

*300 г слоеного теста, 150 г толченого миндаля, 200 г густого варенья, 2—3 столовые ложки молока, 3 столовые ложки сметаны, 1 яичный желток, $1/2$ чайной ложки корицы, 10—15 г сливочного масла.*

Миндаль смешайте с молоком, вареньем, сметаной, яичным желтком и корицей. Тесто разделите на 2 части. Одну часть раскатайте и выложите в смазанную сливочным маслом форму таким образом, чтобы было закрыто не только ее дно, но и бока. В середину выложите приготовленную миндальную смесь, накройте оставшимся тестом. Выпекайте в разогретой до 160 °С духовке в течение 15—20 минут.

## Шоколадное суфле для Льва

*100 г темного шоколада, 400 г сметаны, 100 г пшеничной муки, 5 яиц, 70 г сахара, 100 г взбитых сливок, 2 чайные ложки оливкового масла, $1/4$ чайной ложки корицы, молотый кардамон на кончике ножа.*

Шоколад натрите на крупной терке, смешайте с мукой, сметаной, корицей и кардамоном. Яйца разбейте, аккуратно отделите белки от желтков. Желтки разотрите с сахаром, белки взбейте. В приготовленную массу добавьте желтки, перемешайте, положите белки, выложите в смазанную оливковым маслом форму и выпекайте в разогретой до 160 °С духовке 30—35 минут. Подайте к столу со сливками.

## Пирог из чернослива для Девы

*200 г чернослива, 100 г сахара, 1 столовая ложка сахарной пудры, 5 яичных белков, 100 г сливок, 1 чайная ложка оливкового масла.*

Чернослив выложите в кастрюлю, влейте небольшое количество воды, тушите до размягчения, протрите через сито, добавьте сахар, перемешайте. Варите на слабом огне до загустения, остудите, разотрите с яичными белками, поставьте в прохладное место. За 1,5 часа до подачи на стол, переложите застывшую массу в смазанную оливковым маслом форму, сделайте в ней несколько надрезов, посыпьте сахарной пудрой и выпекайте в разогретой до 150 °С духовке в течение 10—15 минут. Подайте к столу со сливками.

## Лимонное суфле для Весов

*1 лимон, 300 г сахара, 2 чайные ложки измельченной лимонной цедры, 7 яиц, 20 г картофельного крахмала, 2 чайные ложки оливкового масла.*

Лимон вымойте, пропустите через мясорубку вместе с кожурой, смешайте со 150 г сахара. Яйца разбейте, аккуратно отделите белки от желтков. Желтки разотрите с оставшимся сахаром, добавьте лимонную цедру, взбитые белки и крахмал, перемешайте. На дно смазанной оливковым маслом формы выложите измельченный лимон, затем приготовленную массу. Выпекайте в разогретой до 160–180 °C духовке в течение 10 минут.

## Оригинальный пирог для Скорпиона

*10 готовых блинчиков, 8 яиц, 200 г сахара, 250 г сметаны, 1 столовая ложка панировочных сухарей, $1/2$ чайной ложки корицы, 10 г сливочного масла.*

Яйца разбейте, аккуратно отделите белки от желтков. 4 желтка разотрите с 50 г сахара, смешайте с панировочными сухарями, корицей и 2 взбитыми белками. Смажьте полученной смесью каждый блинчик, сверните его трубочкой. Выложите блинчики в один ряд в смазанную сливочным маслом форму. Оставшиеся желтки разотрите с сахаром, добавьте сметану и оставшиеся белки, перемешайте. Залейте полученной массой блинчики. Запекайте в разогретой до 150 °C духовке в течение 25–30 минут.

## Яблочный пирог для Стрельца

*6 небольших яблок, 100–150 г густого варенья, 150 г сметаны, 3 яйца, 20 г пшеничной муки, 100 г сахара, 2 чайные ложки оливкового масла.*

Яблоки вымойте, аккуратно срежьте верхушки, вырежьте сердцевину и часть мякоти, положите в кастрюлю, залейте водой, варите до полуготовности, остудите, наполните вареньем, выложите в смазанную оливковым маслом форму. Яйца разбейте, отделите белки от желтков. Сметану взбейте с 50 г сахара, мукой и желтками, залейте смесью яблоки. Белки взбейте с оставшимся сахаром и выложите сверху. Выпекайте в разогретой до 150 °C духовке в течение 10 минут.

## Морковный пудинг для Козерога

*200 г тертой моркови, 150 г сливочного масла, 200 мл сливок, 100 г сахара, 1 столовая ложка пшеничной муки, 8 яиц, 100 мл апельсинового ликера.*

Морковь выложите на сковороду с разогретым сливочным маслом и жарьте, помешивая, до золотисто-коричневого цвета, добавьте сливки, муку, сахар и яйца, тщательно перемешайте. Переложите в кастрюлю и варите на пару до готовности. Подайте к столу, полив ликером.

# Творожный пудинг для Водолея

*200 г творога,
200 г сливочного масла,
200 г сметаны,
200 г сахара, 1 пакетик ванильного сахара,
1 столовая ложка молотых белых сухарей,
5 яичных желтков,
1 чайная ложка оливкового масла.*

Творог протрите через сито. Сметану взбейте с сахаром, ванильным сахаром и яичными желтками, смешайте с творогом и размягченным сливочным маслом. Выложите в смазанную оливковым маслом и посыпанную сухарями форму. Запекайте в разогретой до 130–150 °C духовке в течение 1 часа.

# Маковый пудинг для Рыб

*200 г мака, 200 г сахара,
2 столовые ложки тертого миндаля, 10 яиц,
1 столовая ложка сахарной пудры, 2 чайные ложки оливкового масла.*

Яйца разбейте, отделите белки от желтков. Мак обдайте кипятком, промойте холодной водой, разотрите с сахаром, миндалем и желтками. Размешайте до однородного состояния, добавьте взбитые белки. Выложите в смазанную оливковым маслом форму, посыпьте сахарной пудрой и выпекайте в разогретой до 150 °C духовке в течение 25–30 минут.

# Праздничный стол

Определившись с десертом, не забудьте об основных блюдах праздничного стола. Они должны быть не только вкусными и сытными, но и красиво оформленными.

## Закуска «Фейерверк»

6 корзиночек из пресного теста, 2 огурца, 1 стручок болгарского перца, 70 г пекинской капусты, 50 г красной икры, 1 столовая ложка лимонного сока, $^1/_2$ пучка зелени укропа.

Огурцы вымойте, один нарежьте маленькими кубиками, другой — ломтиками. Капусту вымойте, мелко нарежьте. Болгарский перец вымойте, удалите плодоножку и семена, нарежьте соломкой. Зелень укропа вымойте. Смешайте капусту, огурец, перец, красную икру. Добавьте лимонный сок, перемешайте, разложите приготовленную смесь по корзиночкам. Выложите их на блюдо, оформите ломтиками огурца и веточками укропа.

# Салат «Праздничный»

*250 г отварного мяса, 150 г белокочанной капусты, 100 г отварных белых грибов, 30 г красной икры, 1 луковица, 1 пучок зеленого лука, 1 столовая ложка оливкового масла, 1 столовая ложка сухого белого вина, соль и перец.*

Мясо и грибы нарежьте соломкой. Капусту вымойте, нашинкуйте. Лук очистите, вымойте, разрежьте пополам по зигзагообразной линии и разделите половинки. Из 2–3 чешуй сделайте «кувшинку» и положите в нее икру, остальной лук измельчите. Зеленый лук вымойте, мелко нарежьте. Смешайте мясо, репчатый лук и капусту, посолите, поперчите, заправьте смесью вина и оливкового масла, перемешайте и выложите в салатник. Оформите салат зеленым луком и украсьте «кувшинкой».

# Салат с перепелиными яйцами

*200 г копченого куриного мяса, 150 г сыра, 2 помидора, 1 луковица, 1 огурец, 5 сваренных вкрутую перепелиных яиц, 1—2 веточки укропа, 2 столовые ложки сливок, соль и перец.*

Куриное мясо нарежьте кубиками, сыр натрите на крупной терке. Лук очистите, вымойте, мелко нарежьте. Огурец и помидоры вымойте, нарежьте кубиками. Зелень укропа вымойте. Яйца очистите, разрежьте пополам. Смешайте куриное мясо, сыр, лук, огурец и помидоры, посолите, поперчите. Разложите салат по тарелкам, полейте сливками, украсьте половинками перепелиных яиц.

## Куриные окорочка с апельсинами и цветной капустой

*2 куриных окорочка, 4 клубня картофеля, 250 г цветной капусты, 1 апельсин, 1 луковица, 100 мл апельсинового сока, 2 столовые ложки кетчупа, 1 столовая ложка топленого масла, по $1/2$ пучка зеленого лука и зелени укропа, соль и перец.*

Куриные окорочка промойте, обсушите салфеткой, натрите солью и перцем и жарьте в топленом масле по 2–3 минуты с каждой стороны. Картофель вымойте, очистите, нарежьте ломтиками. Капусту вымойте, разделите на соцветия. Зеленый лук вымойте, мелко нарежьте. Репчатый лук очистите, вымойте, нарежьте полукольцами. Укроп вымойте.

Апельсин вымойте, очистите, разделите на дольки, нарежьте крупными кусочками. В форму для запекания положите окорочка, капусту, картофель, репчатый лук и апельсин. Полейте апельсиновым соком, поставьте в предварительно разогретую духовку на 25–35 минут. Готовые окорочка с гарниром разложите по тарелкам, полейте кетчупом, посыпьте зеленым луком и украсьте веточками укропа.

**З**апах хвои, разноцветные гирлянды, шампанское, шоколадные конфеты, апельсины... У большинства людей новогодний праздник ассоциируется именно с этим. Новый год — это чудесная сказка, и если вы проведете его наедине с любимым, он станет для вас поистине волшебным.

## Волшебство новогодней ночи

*Как Новый год встретишь, так его и проведешь. Мы все почему-то верим в эту примету, стараясь как можно веселее и интереснее отметить праздник. А если вы решили встретить Новый год вдвоем с любимым, значит, в ваши планы входит продолжение отношений с ним. Проведите эту ночь так, чтобы вы оба были счастливы. Пусть она станет для вас сказочной, романтической, интересной, красивой — такой, какой вы хотели бы видеть вашу дальнейшую жизнь с любимым человеком.*

Прошел очередной год... И на пороге всеми любимый праздник — Новый год. Для вас это особая ночь, поскольку она не только новогодняя, но еще и романтическая, ведь вы проведете ее наедине с любимым человеком. И вас не меньше, а может, даже больше, чем других людей, коснется предновогодняя суета. Вам надо не только прекрасно выглядеть, позаботиться о подарках и новогоднем сто-

# Новый год вдвоем

Очень романтично будет выглядеть стол, оформленный в сине-фиолетовой цветовой гамме с оттенками голубого. Прекрасным дополнением такому убранству будет белоснежная скатерть с подходящими по цвету салфетками.

ле, но и создать празднично-романтическую обстановку в квартире.

Главный атрибут Нового года — это, разумеется, елка. Если габариты вашей квартиры не позволяют ее установить, приобретите еловые ветки и сделайте из них композицию или просто поставьте их в вазу и украсьте елочными игрушками.

Не забудьте об оформлении комнаты: снежинки, серпантин под потолком, свечи на столе, новогодние панно и т. п. Приложите максимум фантазии и создайте в своей квартире атмосферу новогодней сказки. Вы даже можете сделать стенгазету, отражающую самые важные романтические события уходящего года в ваших отношениях с любимым. Разумеется, вам следует оформить комнату сувенирами, изображающими символ наступающего года. Стоит отметить, что еще совсем недавно в новогоднем интерьере было очень популярно монохромное убранство: комнату украшали шарами, бантами, гирляндами одного или, в крайнем случае, двух цветов. В настоящее время это уже неактуально. Дизайнеры советуют вернуться к традиционным для этого праздника цветам — серебряному, золотому, синему, белому, зеленому и красному. Именно в такой яркой и разнообразной цветовой гамме вам и следует оформить интерьер.

## Подарки от Снегурочки

Нарядив елку, оформив квартиру и приготовив множество вкусных блюд, не забудьте о новогоднем подарке для любимого. Последний наверняка позаботился о сюрпризе и придет к вам, как Дед Мороз с мешком подарков. Вам же нужно взять на себя роль Снегурочки и положить подарок для своего друга под елку, но прежде следует определиться с его выбором.

Конечно, лучшими подарками для любимого будут ваша красота, хорошее настроение и любовь, но все же вам следует позаботиться и о материальном выражении симпатии к партнеру. Ведь Новый год — это праздник подарков!

Что обычно принято дарить на Новый год? Новогодние сувениры, аксессуары, шампанское, конфеты, то есть самые обыкновенные вещи, которые традиционно преподносят как знак внимания. Однако в вашем случае о таких подарках следует забыть. Вам необходимо выбрать нечто такое, что не только удивит, но и обрадует вашего любимого. Для этого вам лишь следует выяснить, что именно он ждет от вас в подарок. Легче всего узнать об этом, спросив его напрямую. Но существует огромная вероятность, что в ответ он отделается шуткой, скажет «не знаю», «ничего не надо» или будет молчать, опасаясь поставить вас в неловкое положение стоимостью желаемого подарка. Поэтому вам следует немного схитрить и, попросив любимого отправиться с вами в торговый центр, например, за подарками для ваших друзей и родственников, не только смотреть на витрины, но и внимательно следить за реакцией своего друга. Он обязательно остановится, рассматривая какую-либо вещь и, возможно, даже выразит восхищение ею. Это и поможет вам определиться с выбором подарка, поскольку он найдет его сам, даже не подозревая об этом.

## Подарок по…

*Если вы хотите отступить от банальности, преподнесите любимому неординарный подарок. Вы, конечно, можете сами выбрать нечто эксклюзивное, но лучше ознакомьтесь с традициями, принятыми в других странах. Возможно, вас заинтересует какая-либо из них, и вы сделаете любимому настоящий сюрприз. Но, презентовав ему, например, «корейский подарок», не забудьте объяснить, что вы не сошли с ума, а просто решили устроить ему сюрприз, обратившись к новогодним традициям этой страны.*

В каждой стране существуют свои новогодние традиции, например, японца можно обидеть, если подарить ему на Новый год цветы, поскольку такие подарки в этой стране имеют право дарить только члены императорской фамилии. А вот китаец, в свою очередь, не возьмет на Новый год часы, потому что хронометраж в его сознании связан со смертью.

В Англии новогодние подарки преподносят только в специальных коробках. Для подарков в этой стране существует специальный день — 28 декабря.

Называется подарочный день «Boxing Day». В качестве новогодних подарков англичане презентуют в основном сувениры. К ним обязательно прилагается открытка с изображением заснеженной деревеньки или камина в старомодной гостиной.

В Австрии в новогодние праздники принято посылать открытки и дарить сувениры, символизирующие счастье. К ним относятся фигурки трубочиста, свиньи и четырехлистник клевера.

В Скандинавии подарки упаковывают в яркую бумагу и обязательно запечатывают красным воском. Традиционными новогодними сюрпризами здесь являются сувениры, символизирующие Новый год, а также практичные вещи.

А вот шотландцам для полного счастья просто необходимо, чтобы в дом пришел черноглазый и смуглый брюнет — молодой, красивый, здоровый. Он должен подарить хозяевам кусок угля и сказать: «Да будет гореть огонь в вашем очаге».

В Испании к Новому году дарят либо практичные, либо романтические подарки, в зависимости от того, кому они предназначаются.

## Сияние красоты

*Вы, как и любая женщина, конечно, заранее продумываете свой новогодний наряд, ведь вам хочется не просто хорошо выглядеть, а ослепить любимого своей красотой. Платье, которое вам идет, красивые туфли, а также правильно подобранные украшения и аксессуары подчеркнут ваши достоинства, однако помните, что вам нужен не просто праздничный наряд, а новогодний. И если вы не планируете шить маскарадный костюм, но в то же время мечтаете о необычной и оригинальной одежде, прислушайтесь к советам астрологов, выбрав наряд, соответствующий своему характеру.*

**Овен.** Для новогоднего наряда вам следует выбрать классический стиль, который добавит вам уверенности в собственной неотразимости. Будьте осторожны с вызывающими украшениями и аксессуарами — они могут разрушить цельность вашего образа. Вам не следует экспериментировать с новогодним нарядом — лучше наденьте то, что вам на самом деле идет. Согласно астрологии, в качестве праздничной вам следует выбирать одежду известных модельеров, поскольку ваша красота, сила и уверенность в себе требуют достойного обрамления.

**Телец.** Вам желательно надеть что-нибудь практичное, но в то же время роскошное. И не забудьте об обуви. Позвольте себе капельку безрассудства —

купите экстравагантные туфли. А вообще дело не в одежде — окружающие и так чувствуют мощный заряд вашего обаяния.

**Близнецы.** У вас, как и у любого другого представителя этого знака, огромное количество дел и забот. Вы больше думаете о карьере, а не об одежде. Но это вовсе не повод совсем забывать о себе. В новогоднюю ночь вам просто необходимо выглядеть сногсшибательно. Астрологи считают, что в качестве праздничной вам следует выбирать стильную одежду, в которой вы будете выглядеть модно.

Самое лучшее решение — купить простое, но в то же время элегантное, женственное платье и туфли на шпильках.

**Рак.** Романтическое настроение новогодней ночи поможет создать наряд строго цвета и сексуального фасона. Не бойтесь довериться своей интуиции и изменить своим жизненным установкам — согласно астрологии, Новый год для вас — это как раз то время, когда просто необходимо пожертвовать привычным стилем одежды, а вместе с ним и образом жизни. И не бойтесь проиграть — у вас, как ни у одного другого знака, хорошо развиты интуиция и чувство прекрасного.

**Лев.** Вы привыкли получать от жизни только самое лучшее, так зачем же делать исключение в Новый год? Яркий, роскошный, дорогой и сексуальный наряд — это то, что вам нужно. Вы можете смело экспериментировать со стилем одежды, аксессуарами и украшениями,

*Если вы родились под знаком Весов, знайте, что ваше настроение в новогоднюю ночь будет почти полностью зависеть от того, что вы наденете. Праздничный наряд должен радовать вас.*

но при этом старайтесь выбирать все самое красивое.

**Дева.** Несмотря на приверженность строгому классическому стилю, вам не следует сдерживать желание купить к Новому году что-либо экстравагантное. Астрологи советуют вам забыть о своих пристрастиях и постараться хотя бы на праздник кардинально сменить имидж.

**Весы.** Проявите смелость, сделав самую неожиданную покупку, ведь вам так этого хочется. К тому же астрологи не советуют вам сдерживать свои желания и эмоции. Секрет вашей красоты — в вашей чувственности. Поэтому экстравагантный, сексуальный наряд — это то, что вам нужно.

**Скорпион.** Астрологи советуют вам в новогоднюю ночь не бояться воплощения своих самых смелых творческих замыслов. К тому же на нехватку энергии для этого вам жаловаться не приходится. Ваше внутреннее «я» требует выражения. И для этого вам просто необходимо сшить карнавальный наряд или хотя бы купить несколько возмутительно необычных аксессуаров.

**Стрелец.** Согласно гороскопу вы питаете пристрастие к вещам, которые уместны как в деловой обстановке, так и на вечеринке. Но в новогоднюю ночь вашу индивидуальность как нельзя лучше подчеркнет классическая одежда. А вот с аксессуарами можете экспериментировать смело, точно так же как с прической и цветом волос.

**Козерог.** Хотя бы в новогоднюю ночь забудьте о своих проблемах и делах. Сейчас не время для тоски. Вам просто необходимо оживить свой консервативный гардероб сексуальным нарядом. Попробуйте полностью изменить свой образ — начиная от прически и макияжа и заканчивая платьем и туфлями.

**Водолей.** Поскольку стабильность не является вашим жизненным кредо, вас не должна пугать эклектика и самые неожиданные сочетания в новогоднем наряде. Именно это вам советуют астрологи.

**Рыбы.** Не забывайте, что не только золотой и серебристый, но и красный, синий и фиолетовый цвета испускают мощные флюиды жизненной силы и женственности. Вам не стоит в новогоднюю ночь скрывать свою чувственность под строгим черным или серым костюмом. Астрологи настоятельно рекомендуют вам поэкспериментировать с цветом новогоднего наряда. Что же касается стиля, то выбирайте тот, который вам на самом деле идет.

## Романтические развлечения

*Новогодняя ночь — это уже само по себе романтично. А если вы встречаете этот праздник вдвоем с любимым, он романтичен для вас вдвойне. Наевшись досыта самых что ни на есть вкусных блюд, выпив шампанского и сказав друг другу теплые и нежные пожелания, обратитесь, если у вас есть желание, к традиционному новогоднему шуточному развлечению — предсказанию будущего.*

Самым распространенным новогодним гаданием является гадание на будущее, в вашем случае — на совместное будущее. Для этого вам потребуются следующее: земля, соль, сахар, крупа, монета, бумажная купюра, лавровый лист, луковица и обручальное кольцо. Каждый из предметов положите в отдельный стакан. Стаканы заверните в бумагу и расставьте на столе. Кроме них, поставьте еще два стакана — один с вином, другой пустой. Их тоже заверните в бумагу.

После этого выключите в комнате свет, возьмите любимого за руку и вместе выберите три стакана, а потом посмотрите значение предметов, которые в нем оказались. Это и будет ждать вас обоих в наступающем году.

Значение предметов: *земля* — проблемы со здоровьем, жизненные трудности; *соль* — разлука или крупная ссора; *сахар* — счастье, любовь; *крупа* — материальное благополучие; *монета* — денежные затруднения; *бумажная купюра* — большая прибыль, богатство; *лавровый лист* — почести; успех в делах; *луковица* — мелкие неприятности, размолвка и последующее примирение; *обручальное кольцо* — вступление в брак; *пустой стакан* — одиночество; *стакан с вином* — веселая беззаботная жизнь.

*Не воспринимайте всерьез, если в гадании вдруг выпадет предмет, сулящий вам неприятности в будущем. Не забывайте, что гадание — это всего лишь развлечение, и вам ничто не мешает выбирать стаканы до тех пор, пока вам не попадется хороший знак.*

## Чтобы наступающий год был удачным…

*Согласно астрологии, чтобы наступающий год принес удачу, недостаточно правильно подобрать одежду для новогодней ночи. Нужно приготовить те блюда, которые положено есть, встречая именно этот год. Не менее важно поставить на стол предметы, символизирующие наступающий год.*

**Год Обезьяны.** Согласно астрологии Обезьяна проявит к вам благосклонность, если на новогоднем столе будут сласти, орехи, фрукты и зелень. Салат с орехами и зеленью, свежие и консервированные фрукты, пирожные и восточные сладости помогут вам привлечь удачу. Поставив на стол несколько еловых веток, не забудьте украсить их завернутыми в фольгу грецкими орехами, бананами и специально изготовленной сладкой выпечкой. Очень стильно выглядят натуральные украшения — высушенные дольки лимона, палочки корицы, экзотические фрукты и даже живые цветы.

***Год Петуха.*** Встречая этот год, позаботьтесь о том, чтобы на столе было как можно больше блюд из круп и бобовых. Салат из консервированной фасоли с сухариками, кушанье из риса, десерт из манной крупы и т. п. А вот мясные и жирные блюда лучше исключить из меню праздничного стола. И ни в коем случае не угощайте любимого кушаньями из мяса птицы: вы оскорбите Петуха в его самых лучших чувствах. На столе вообще не должно быть тяжелой пищи. Украсить стол можно хвойными ветками, натуральными разноцветными камнями и, конечно, перьями.

***Год Собаки.*** Основными на праздничном столе должны быть мясные кушанья. Предпочтительнее подавать жареное или запеченное мясо, желательно с косточкой, но салаты из мясных продуктов тоже обязательны. Также приготовьте закуски из рыбы и морепродуктов. Ни в коем случае не подавайте блюда из конины. Украсить стол вы можете собачками-сувенирами, а также елочными шарами.

***Год Кабана.*** Кабан любит чревоугодие и всегда не прочь подкрепиться, поэтому чем больше кушаний будет на вашем новогоднем столе, тем больше вам повезет в наступающем году. Кстати, вы можете вместо традиционной курицы или гуся зажарить кролика — считается, что в год Кабана такое блюдо будет как нельзя кстати. Украсить стол лучше всего живыми цветами и еловыми ветками с серебряным «дождиком».

***Год Крысы.*** Для Крысы не существует никаких запретов на яства, поэтому вы можете готовить к новогоднему столу все что угодно. Главное, чтобы блюд было много. И обязательно сделайте бутерброды и испеките пироги. Согласно астрологии, в год Крысы на столе должны присутствовать мучные кушанья. Украсить стол вы можете деревянными безделушками, а также бусинками.

***Год Быка.*** Для встречи года Быка вам необходимо приготовить блюда из овощей и злаков, с зеленью и приправами. И ни в коем случае не подавайте кушанья из говядины — этим вы запросто отвадите от себя удачу на целый год. Но это вовсе не означает, что стол должен быть полностью вегетарианским. Вы не обидите Быка, если приготовите блюда из свинины, баранины и птицы и подадите их в роскошном оформлении. Не забудьте украсить комнату или стол колокольчиками.

***Год Тигра.*** В этом году на столе обязательно должны присутствовать мясо и крепкие алкогольные напитки. Лучше всего приготовить кушанья из говядины и подать их с острым томатным соусом.

Не забудьте о мясных салатах и закусках. Вообще, встречая год Тигра, следует позаботиться о разнообразном меню, а также роскошном оформлении блюд. Оформлять стол следует в желто-коричневых тонах, однако в центр стола нужно обязательно поставить хвойные ветви, украшенные ярко-красными шарами.

**Год Кролика.** Для праздничного стола обязательно приготовьте блюда из капусты, моркови, свеклы и зелени. Вы можете сделать несколько салатов, а также подать тушеную капусту в качестве гарнира к мясному блюду, поскольку последнее тоже должно обязательно присутствовать на столе. Лучше всего, если это будет запеченная птица. И ни в коем случае не подавайте к столу кушанья из мяса кролика.

**Год Дракона.** Для новогоднего стола вы можете приготовить все, что угодно, от банальных куриных окорочков до изысканных восточных кушаний. Главное — обильно приправьте эти блюда душистым перцем, кардамоном, мускатным орехом, имбирем, корицей, гвоздикой, перцем чили и базиликом. В «огнедышащем» меню обязательно должно присутствовать мясное кушанье с винным соусом. Кроме того, подайте к столу свежие фрукты и мороженое с ликером. Для украшения стола

*Встречая год Кролика, поставьте в центр стола тарелку с аппетитным салатом из моркови или свеклы, украшенным веточками петрушки.*

лучше всего подойдут зажженные свечи.

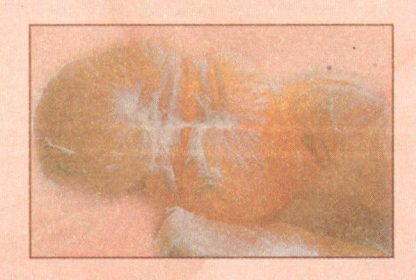

**Год Змеи.** Чтобы задобрить Змею, ваш стол должен ломиться от угощений. В меню обязательно следует включить пельмени и блюда из рыбы. В качестве основного кушанья лучше всего приготовить запеченную курицу или утку. Хорошим дополнением праздничного меню будут экзотические салаты и закуски. Украсить стол следует зажженными свечами красного цвета.

**Год Лошади.** Любимая еда Лошади — овес. Однако это не самое удачное блюдо для новогоднего праздника, а вот вегетарианский салат, фрукты и сыр будут в самый раз. Если вы не сторонник вегетарианства, запеките гуся или утку, но обязательно с яблоками. Хорошим дополнением меню могут стать блюдо из грибов, а также пирог с фруктами.

В год Овцы на столе обязательно должны присутствовать канапе и тарталетки с консервированной рыбой, икрой, креветками и кальмарами.

**Год Овцы.** Согласно астрологии, привередливая Овца проявит к вам благосклонность, если на вашем праздничном столе будет присутствовать как можно больше деликатесов, а также изысканных напитков. Вы можете приготовить блюда из рыбы и морепродуктов, а также закуски из овощей и сыра. А вот традиционный салат «Оливье» Овца не одобрит — ей больше понравится сельдь под шубой. Встречая год Овцы, обязательно украсьте стол фигурками овечек и свечами белого цвета. И не забудьте о том, что посуда, в которой вы будете подавать блюда, должна быть изысканной.

# Новогодний стол

О чем вы мечтаете в преддверии Нового года? Конечно, о сказочном чуде, о любви и настоящем праздничном застолье. Но стоит ли стремиться к чему-то недостижимому и весь день проводить у плиты, осваивая, например, сложнейшие рецепты какой-либо экзотической кухни? Приготовленные с любовью блюда, накрытый со вкусом стол, праздничный вечер и романтическая ночь наедине с любимым — этого уже вполне достаточно для встречи Нового года в прекрасном расположении духа.

## Закуска «Новогодний подарок»

*200 г малосольной семги, 200 г балыка из белуги, 1 луковица, 2—3 листа пекинской капусты, $1/2$ пучка зелени петрушки, 1 столовая ложка молотой паприки.*

Капусту и зелень петрушки вымойте. Листья капусты выложите на плоское блюдо, зелень петрушки измельчите. Семгу и балык нарежьте тонкими ломтиками, сложите каждый вдвое и выложите на листья капусты. Лук очистите, вымойте, нарежьте кольцами и обваляйте часть их в молотой паприке, а остальные – в зелени петрушки. Оформите закуску кольцами лука.

# Салат «Бой курантов»

*250 г копченой свинины, 150 г сыра, 3 сваренных вкрутую яйца, 1 небольшая луковица, 100 г майонеза, $^1/_2$ пучка зелени укропа и петрушки.*

Лук очистите, вымойте, мелко нарежьте. Зелень укропа и петрушки вымойте, измельчите. Свинину нарежьте соломкой, сыр натрите на крупной терке. Яйца очистите, нарубите. На блюдо выложите слоями свинину, лук, яйца и сыр. Каждый слой смажьте майонезом. Поставьте салат на 30 минут в холодильник, чтобы он пропитался, перед подачей к столу посыпьте зеленью.

## Салат «Салют»

*250 г нежирной жареной свинины, 100 г корейской моркови, 4 сваренных в мундире клубня картофеля, 2 сваренных вкрутую яйца, 1 красная луковица, 3 столовые ложки зерен граната, 2 столовые ложки оливкового масла, соль.*

Картофель и яйца очистите, нарежьте кубиками. Лук очистите, вымойте, мелко нарежьте. Свинину нарежьте кубиками, смешайте с картофелем, морковью, яйцами, зернами граната и луком. Разложите по вазочкам, посолите, сбрызните оливковым маслом.

## Курица «Праздничная»

*тушка курицы, 2 апельсина, 100 мл апельсинового сока, 100 г маслин без косточек, $1/2$ пучка зелени укропа и петрушки, 1 чайная ложка карри, соль.*

Курицу промойте, натрите солью и карри, положите на противень и запекайте в предварительно разогретой духовке до готовности, периодически поливая апельсиновым соком и образующимся при запекании соусом. Апельсины вымойте, нарежьте кружочками. Зелень вымойте, измельчите. Готовую курицу выложите на блюдо, посыпьте зеленью, оформите кружочками апельсина и маслинами.

## Семга с лаймом

*400 г филе семги, 2 лайма, 1 огурец, 2 столовые ложки оливкового масла, 1 столовая ложка ягод клюквы, соль, перец.*

Лаймы вымойте, один нарежьте дольками, из второго выжмите сок. Филе семги промойте, нарежьте порционными кусками, сбрызните соком лайма, посолите, поперчите. Обжарьте в оливковом масле. Огурец вымойте, нарежьте ломтиками. Клюкву вымойте. Готовую рыбу выложите на блюдо, украсьте ломтиками огурца, дольками лайма и ягодами клюквы.

# Брюссельская капуста с лисичками

400 г консервированной брюссельской капусты, 150 г соленых лисичек, 200 г колбасного сыра, 3 помидора, 1 столовая ложка оливкового масла, 2—3 веточки укропа, соль и перец.

Брюссельскую капусту отварите в подсоленной воде, откиньте на сито. Помидоры вымойте, нарежьте кружочками. Сыр нарежьте кружочками. Зелень укропа вымойте. Форму для запекания смажьте оливковым маслом, положите в нее слоями помидоры, сыр и капусту. Посолите, поперчите, поставьте в разогретую духовку на 5—7 мин. Готовое блюдо разложите по тарелкам, украсьте солеными лисичками и веточками укропа.

Что такое классическое свидание и чем оно отличается от других? В понимании большинства мужчин и женщин — это встреча в кафе или ресторане, романтическая прогулка, поцелуи и попытки получить друг о друге как можно больше информации из разговоров на самые разные темы. Однако свидания именно по такому сценарию проходят чрезвычайно редко. Как правило, современные мужчины и женщины ценят свое время, предпочитая использовать его с максимальной пользой, и поэтому несколько форсируют события, стараясь узнать друг друга не из беседы по душам, а в процессе... занятий любовью. Психологи считают, что именно секс позволяет мужчине и женщине понять, стоит ли им продолжать отношения или лучше расстаться и не тратить друг на друга время. Поэтому большинство классических свиданий XXI века — это встреча дома или в ресторане с последующим эротическим продолжением.

## Рандеву в классическом стиле

*Вы недавно познакомились с мужчиной, понравились друг другу с первого взгляда, обменялись телефонами и через некоторое время договорились о встрече? Это все как нельзя лучше говорит о том, что ваше предстоящее свидание самое что ни на есть классическое.*

Если вам предстоит романтическое рандеву, необходимо продумать все до мелочей, чтобы не испортить впечатление от встречи. Местом классического свидания может быть ресторан. Лучше всего выбрать заведение, обстановка которого вам знакома, то есть то, где вы уже были. В этом случае вы будете чувствовать себя комфортно. Посещение ресторана с восточной или какой-либо другой экзотической кухней

# Классическое свидание

лучше отложить до следующего раза. Для классического рандеву выберите заведение с классической кухней.

Замечательно, если в ресторане будет звучать негромкая музыка, поскольку разговаривать, крича друг другу в ухо, не очень романтично. Кстати, те времена, когда женщине подавали меню без указания цен, давно канули в лету. Вам и вашему другу предложат одинаковое меню, где обязательно будет указана стоимость каждого блюда. Но имейте в виду, что в России пока не действуют западные законы, где оплата ужина мужчиной автоматически означает продолжение встречи в более интимной обстановке, поэтому не бойтесь заказывать то, что хотите. Однако кидаться в крайности, требуя черную икру, стерлядь и устрицы или, напротив, только чашечку кофе с пирожным, тоже не следует. Выберите промежуточный вариант.

Правильный ужин включает в себя закуску, основное блюдо, напиток и десерт. Большинство мужчин, приглашая женщину в ресторан, рассчитывает именно на такое развитие событий. Поэтому постарайтесь придерживаться данной схемы, а если партнер проявит инициативу и захочет угостить вас чем-то необычным, не отказывайтесь. Это неприлично.

Если поход в ресторан вас не привлекает и вы желаете провести свидание более активно, отправляйтесь на дискотеку или в клуб, где вы сможете поиграть в боулинг. Если вы не умеете играть, не переживайте. Боулинг не требует особых навыков. А пойти в подобное заведение вы можете даже в джинсах. К тому же такое развлечение располагает к непринужденному общению — все паузы в разговоре сгладит совместный подсчет очков.

Не менее романтично вы проведете время на природе. Если за окном отличная погода, зачем сидеть в ресторане? Не лучше ли устроить романтический пикник где-нибудь за городом? Кстати, это тоже один из вариантов классического свидания.

## Классика XXI века

Вы посидели в ресторане, потанцевали на дискотеке или приятно провели время в боулинг-клубе. Что дальше? Если вы хотите продолжить встречу в более интимной обстановке, вам необходимо выяснить, хочет ли того же ваш партнер. Хотя, скорее всего, вы поймете это уже в первые минуты встречи. Однако не забывайте о том, что есть категория мужчин, которые по различным причинам не торопятся форсировать события или боятся это делать, опасаясь обидеть женщину и вызвать с ее стороны негативную реакцию. Поэтому, если вы планируете пригласить партнера к себе домой, сначала просто намекните ему на это и, если он отреагирует правильно, смело идите к поставленной цели.

Вы боитесь оказаться в неловкой ситуации, пригласив мужчину к себе домой и получив отказ? Есть несколько признаков в поведении партнера, которые гарантируют вам то, что отказ вы не получите:

- он осыпает вас комплиментами, и при этом вы чувствуете, что он говорит искренне;
- он постоянно прикасается к вашим рукам, волосам и с нескрываемым восхищением смотрит на вас;
- он берет вас за руку и удерживает ее в своей руке не менее 20–40 секунд;
- он гладит вас по руке;
- он говорит вам, что вы сексуальны, или откровенно признается, что хочет вас.

Существуют, конечно, и другие признаки того, что мужчина ни за что не откажется от более интимного знакомства с вами, но вы скорее всего сами безошибочно угадаете их, поскольку они более явные, чем перечисленные выше.

Но прежде чем действие перенесется в вашу спальню, вам необходимо заранее позаботиться о создании в ней интимной обстановки. Разумеется, делать это надо еще до того, как мужчина окажется у вас дома. Поэтому, если вы планируете пригласить его, приготовьте все необходимое заранее, кстати, ужин тоже. Даже если вы плотно поели в кафе или в ресторане, фрукты, орехи и шоколад не будут лишними, когда вы откроете захваченное с собой домой шампанское.

*Для интимного ужина лучше всего подойдут легкие закуски с добавлением продуктов-афродизиаков.*

Если на стенах вашей спальни развешены фотографии с изображением вас и вашего бывшего возлюбленного, уберите их. Партнеру будет неприятно смотреть на них.

На мужчин, так же как и на женщин, благоприятным образом действуют запахи. Аромат эфирных масел поможет снять напряжение и расслабиться в интимной обстановке. Лучше всего ароматизировать спальню маслами пачули, розмарина, гвоздики, мускатного шалфея и иланг-иланга. Используйте не более 2–3 капель ароматического масла, поскольку передозировка может унести вас обоих очень далеко от секса.

Чтобы придать обстановке спальни интимность, поставьте возле кровати настольную лампу, желательно с мягким приглушенным светом. Такое освещение не только приятно для глаз, но и имеет чисто практическое значение. Дело в том, что мужчин не меньше, чем женщин волнует вид собственного тела, в котором они находят множество изъянов. Приглушенный свет позволит вашему партнеру чувствовать себя более уверенно.

## Когда тайное становится явным

А знаете ли вы, что по тому, как мужчина относится к еде, можно определить его отношение к сексу?

Сексологи уже давно обратили на это внимание. Поэтому посмотрите внимательно, как и что ест ваш любимый, и на основе своих наблюдений сделайте соответствующие выводы.

По отношению к еде всех мужчин можно условно разделить на десять типов. Понаблюдав за любимым во время еды, вы без труда сможете понять, к какому типу он относится, и узнаете, чего ожидать от него в постели.

*Первый тип.* Такого мужчину мысли о еде волнуют постоянно. При одном только аромате кушаний он проявляет нетерпение. Аппетит у него есть всегда, причем кулинарные шедевры его не интересуют. Для него намного важнее количество вкусных, хорошо приготовленных блюд. Пережаренные и пересоленные кушанья он есть не будет. В любви такой мужчина тоже ненасытен, мысли о сексе преследуют его постоянно. Причем ему не нужно изысканных и нестандартных позиций — он жаждет как можно больше «качественного» секса.

***Второй тип.*** Он не признает примитивного поглощения пищи. Яичница с беконом и жареный картофель наводят на него тоску, при виде такой пищи он теряет аппетит. Любит, когда стол красиво сервирован, с удовольствием ест только изысканные блюда. Другими словами, мужчина этого типа — гурман. Так же он относится и к сексу. Ему важно, чтобы партнерша выглядела безупречно: изысканный наряд, духи, макияж, маникюр, прическа. Только в этом случае он придет в восторг и покажет себя в постели с наилучшей стороны.

***Третий тип.*** Такой мужчина придерживается принципа: «Есть, чтобы жить». Даже самые восхитительные блюда не доставляют ему удовольствия, а при виде неаппетитных кушаний он начинает морщиться. В сексуальных отношениях он такой же: равнодушный, утомленный, пресыщенный и с огромными претензиями. Даже если вам удастся очаровать его, не ждите от него инициативы в постели.

***Четвертый тип.*** Он никогда не станет есть блюда, состав которых ему незнаком. К кулинарным изобретениям он относится с подозрением и ни за что не притронется к чему-нибудь экзотическому. Он не сторонник случайных сексуальных контактов. К эротическим новшествам и экспериментам он относится негативно. Другими словами, в постели с ним скучно.

***Пятый тип.*** Питание в одиночку приводит его в уныние. Во время еды он говорит без умолку. Меню его интересует намного меньше, чем сотрапезники. В любви он невзыскателен, но многословен. Причем обещает всегда намного больше того, на что на самом деле способен. К сексу готов всегда и особой требовательностью в этом деле не отличается.

***Шестой тип.*** В еде он непривередлив, но у него есть несколько любимых блюд, от которых он никогда не откажется. То же самое и в сексе: он нетребователен ни к партнерше, ни к ее поведению в постели, ни к месту встречи с ней, однако у него есть несколько любимых позиций, которые он и выбирает во время занятий любовью.

**Седьмой тип.** Такой мужчина равнодушен к первым и вторым блюдам. В меню для него главное — это десерт. Он любит фрукты, пирожные, шоколад, сгущенное молоко, различные кремы, муссы и т. п. В сексе для него важен только конечный результат, то есть оргазм. Сам процесс занятий любовью и удовлетворение партнерши его нисколько не волнуют.

**Восьмой тип.** Он любит готовить сам, проявляя при этом настоящее кулинарное мастерство. Готов со всеми делиться своими кулинарными секретами и давать полезные советы, касающиеся приготовления того или иного блюда. Сексом он занимается так же, как приготовлением любимого кушанья. Предстоящую сексуальную близость планирует до мельчайших подробностей, редко считаясь с желаниями партнерши. Он не любит, когда женщина проявляет инициативу.

**Девятый тип.** Такой мужчина неразборчив в еде, но иногда проявляет упрямство, требуя подать ему какое-либо особенное блюдо. При этом не факт, что он будет его потом есть. Главное для него — добиться своей цели. В любви он тоже невзыскателен, но в то же время никогда не отступает от намеченной цели. В постели он всегда диктует свои условия.

**Десятый тип.** Он любит вкусно поесть, но во время трапезы обязательно что-то рассыплет, разольет, разобьет. Неловок он и в сексе. Такой мужчина очень страстен, с энтузиазмом принимает все сексуальные новшества, но очень неуклюж в постели.

# Классический ужин

*Если вы решили провести свидание дома, приготовьте классический ужин, но постарайтесь забыть о повседневном меню. Угостите любимого простыми, но в то же время вкусными и возбуждающими кушаньями с добавлением продуктов-афродизиаков.*

## Салат «Домашний»

*200 г отварной телятины, 4 сваренных в мундире клубня картофеля, 2 соленых огурца, 2 сваренных вкрутую яйца, 1 луковица, 1 вареная морковь, 2 столовые ложки майонеза, соль и перец.*

Картофель, морковь и яйца очистите, нарежьте кубиками. Мясо нарежьте кубиками. Лук очистите, вымойте, измельчите. Один огурец нарежьте тонкими ломтиками, второй — кубиками. Смешайте мясо, картофель, морковь, яйца, лук и кубики огурца, посолите, поперчите, перемешайте.

Выложите приготовленную смесь в салатник, полейте майонезом, украсьте цветком из ломтиков огурца.

# Салат с сельдью

200 г филе малосольной сельди, 3 сваренных в мундире клубня картофеля, 1 вареная свекла, 1 луковица, 150 г консервированного зеленого горошка, 2 столовые ложки растительного масла, $1/2$ пучка зеленого лука, соль.

Картофель и свеклу очистите, нарежьте кубиками. Репчатый лук очистите, вымойте, мелко нарежьте. Зеленый лук вымойте, нарежьте. Филе сельди нарежьте ломтиками. Смешайте картофель, свеклу, репчатый лук и зеленый горошек, посолите, заправьте растительным маслом, перемешайте и выложите в салатник. Сверху положите ломтики сельди, посыпьте зеленым луком.

## Винегрет

*250 г квашеной капусты, 2 сваренных в мундире клубня картофеля, 1 вареная свекла, 1 вареная морковь, 1 луковица, 2 столовые ложки растительного масла, соль.*

Картофель, морковь и свеклу очистите, нарежьте небольшими кубиками. Лук вымойте, очистите, измельчите. Смешайте картофель, морковь, свеклу, лук и капусту, посолите, заправьте растительным маслом, перемешайте и выложите в салатник.

# Котлеты по-киевски

*2 куриных филе с косточкой, 1 яйцо, 2 столовые ложки панировочных сухарей, 50 г сливочного масла, 2 столовые ложки растительного масла, 1 стручок болгарского перца, 1—2 веточки петрушки, соль.*

Филе промойте, обсушите салфеткой. Положите на середину по кусочку сливочного масла, сформуйте котлеты, обмакните во взбитое с солью яйцо и запанируйте в сухарях. Жарьте на сковороде в разогретом растительном масле до готовности, периодически переворачивая. Петрушку и болгарский перец вымойте. Вырежьте из болгарского перца цветок хризантемы. Положите котлеты на тарелку, украсьте цветком из перца и веточками петрушки.

Свидание в латиноамериканском стиле устроить несложно. Приготовьте традиционные латиноамериканские блюда, выберите подходящий наряд и, разумеется, настройтесь на определенный лад. Следует отметить, что, согласно исследованиям сексологов, девять из десяти жительниц стран Латинской Америки первыми знакомятся с представителями противоположного пола и часто берут инициативу свидания на себя, приглашая понравившегося мужчину в кафе или к себе домой. У них нет каких-либо особых секретов соблазнения, да им они и не нужны, поскольку природа наделила их неуемным темпераментом и привычкой преследовать объект своей страсти до тех пор, пока он не согласится хотя бы на одну встречу. Как правило, во время этой встречи женщина делает все, чтобы завоевать сердце любимого.

Самое главное для латиноамериканских женщин — это пристальный взгляд в глаза. У них это расценивается как проявление интереса, доверия и сексуального влечения. Без такого взгляда романтическое свидание просто невозможно. А еще у латиноамериканок существует своя тактика обольщения, смысл которой заключается в том, чтобы выглядеть в глазах любимого не такой, как все.

## Чашечка кофе с…

*Самый распространенный безалкогольный напиток в странах Латинской Америки — это кофе. Рецептов его приготовления здесь существует огромное количество, однако самым распространенным является черный молотый кофе без сахара. Стоит отметить, что самое первое свидание влюбленных здесь всегда начинается с чашечки кофе. По тому, какой кофе предпочитает пить мужчина, женщина безошибочно угадывает его характер и в соответствии с ним выбирает ту или иную тактику обольщения.*

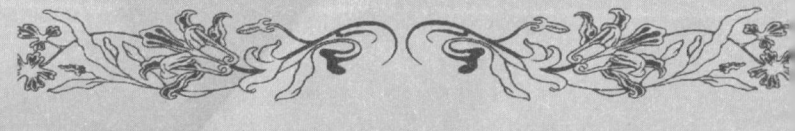

# Латиноамериканское свидание

*Молотый кофе без сахара.* Если мужчина всегда пьет именно такой напиток, у него сильный характер. Он не боится ответственности и не стесняется своих ошибок. Это целеустремленный человек, которого очень трудно в чем-либо переубедить. Чтобы завоевать сердце такого мужчины, достаточно выглядеть слабой и беззащитной, внимательно слушать его и соглашаться со всем, что он говорит.

*Молотый кофе с сахаром.* Мужчине, предпочитающему пить такой кофе, очень трудно самостоятельно принять какое-либо ответственное решение. Он нуждается в поддержке. Чтобы очаровать его, необходимо хотя бы казаться сильной и решительной женщиной. Если он будет постоянно чувствовать вашу поддержку, он легко пойдет на любые жертвы ради вас, хотя впоследствии будет сильно об этом жалеть.

*Кофе по-турецки.* У такого мужчины чувства преобладают над разумом. Он добрый и честный, не терпит лжи и лицемерия. Чтобы завоевать его сердце, нужно всегда выглядеть соблазнительно и как можно чаще показывать лучшие стороны своего характера — доброту, открытость, нежность.

*Растворимый кофе.* Если мужчина предпочитает пить растворимый кофе с сахаром или без него, он уверен в себе, пользуется успехом у женщин и всегда безошибочно выбирает самый короткий путь к достижению своей цели. Соблазнить его непросто, поскольку он прекрасно осведомлен обо всех женских уловках и не любит, когда его пытаются таким образом прибрать к рукам. С ним лучше всего вести себя естественно. Если вы ему на самом деле нравитесь, он примет вас такой, какая вы есть.

*Кофе с добавлением молока или мороженого.* Если ваш избранник любит именно такой напиток, у него сложный характер.

*Если вы недостаточно знаете своего любимого, воспользуйтесь опытом латиноамериканок и предложите мужчине чашечку кофе.*

Ему свойственны частые перепады настроения, он любит спорить и часто меняет принятые решения. С таким партнером вам придется нелегко. Разговор с ним следует продумывать заранее, причем до мелочей. А что касается тактики соблазнения, то к нему ни одна из них неприменима. Единственное, что вы можете сделать — это стать для него самой лучшей собеседницей.

**Кофе без кофеина.** У мужчины, предпочитающего такой напиток, уравновешенный характер. Он много чем интересуется, но его знания чаще всего поверхностны.

К сожалению, такой мужчина отличается отсутствием стремления к завоеванию новых вершин, но сам он не прочь быть завоеванным. Поэтому особых усилий к его соблазнению вам прилагать не придется. Достаточно всего лишь показать ему, что вы хотите ему понравиться.

## Тактика обольщения по-латиноамерикански

*Жительницы Латинской Америки уверены, что для завоевания сердца понравившегося мужчины необязательно быть красавицей, надо лишь стремиться к оригинальности во всем — в выборе одежды, прически, парфюмерии, то есть всего того, что делает женщину по-настоящему женственной и привлекательной.*

Огромное внимание вам следует уделить выбору подходящей для свидания одежды. Например, темпераментные мексиканки считают, что следовать моде просто необходимо, но в то же время нельзя ей давать поработать себя. Если в моде, например, черный цвет, они уверенно выбирают красный или золотистый, то есть такой, благодаря которому они будут выделяться, выглядеть неординарно. Особое внимание при этом мексиканки обращают на пристрастия своего избранника. Если ему нравится синий цвет, они надевают на свидание костюм именно такого оттенка. И еще, опять же по совету мексиканок, выбирайте ту одежду, в которой вы чувствуете себя уверенно, и тот цвет, который поднимает вам настроение. И никакой неряш-

*У женщины есть только одна возможность быть красивой — родиться такой. Но быть привлекательной у нее есть сто тысяч возможностей. Постарайтесь использовать их в полной мере, и мужчина вашей мечты обязательно будет у ваших ног.*

...ливости в одежде. Выглядывающие из-под платья спадающие бретельки бюстгальтера сексуальности вам не придадут. Точно так же, как дырявые колготки, потертые перчатки и туфли со смятыми задниками, несвежий макияж и облупившийся лак на ногтях.

Латиноамериканки считают, что огромную роль в завоевании мужчин играет фигура женщины. Они уверены, что представители сильной половины человечества не любят дам со складками на животе и целлюлитом на бедрах. Поэтому старайтесь все время быть в форме.

## Зажигательная латина

О каком свидании в латиноамериканском стиле можно говорить, если в его программу не войдет зажигательная латина — сексуальный танец, вобравший в себя множество народных латиноамериканских танцев. Научиться исполнять его очень легко, главное — чувствовать музыку и не сдерживать свой темперамент.

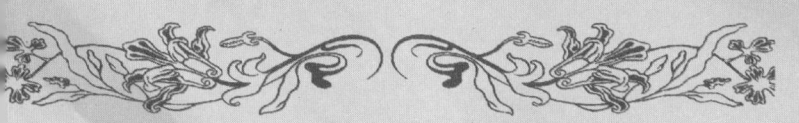

Латина — очень модный клубный танец, адаптированный к популярной музыке. Он включает в себя яркие эротичные движения кубинской румбы, азартные наклоны самбы, ритм ча-ча-ча и некоторые другие элементы популярных танцев Южной Америки. Подберите подходящую музыку и попробуйте двигаться под нее, соблюдая приведенную ниже схему.

Танец начинается с полукруговых вращений головой, круговых движений плечами и «восьмерки», выполняемой бедрами. После этого переходят к шагам, выполняя их в следующей последовательности: марш, виск, мамбо, пивот, основной шаг мамбо, основной шаг самбы, румба.

*Марш.* Поставьте согнутую ногу на носок. При этом колено должно быть повернуто вовнутрь. Затем перенесите вес тела с носка на пятку, выпрямите колено и отведите бедро в сторону. Повторите движение другой ногой.

*Виск.* Сделайте шаг в сторону правой ногой, затем поставьте левую скрестно позади правой. Это движение следует выполнять на два счета. Смените положение ног и выполните движение еще раз.

*Мамбо.* Сделайте самый обыкновенный шаг, стараясь придать ему как можно больше чувственности.

*Пивот.* Сделайте обыкновенный шаг правой ногой, затем повернитесь вокруг нее. Повторите движение, шагнув левой ногой.

*Основной шаг мамбо.* Выполните шаг мамбо правой ногой, одновременно согнув ее в колене и высоко подняв. Поставьте ногу в исходное положение, снова шагните, одновременно сделав шаг на месте левой ногой. Поменяйте положение ног и повторите движение. Этот шаг следует выполнять на два счета.

*Основной шаг самбы.* Сделайте правой ногой шаг вперед и назад, затем — вперед, назад и в сторону. Поменяйте положение ног и повторите движение. Этот шаг тоже делается на два счета.

*Румба.* По сути, это движение бедрами в одну и в другую сторону, напоминающее восьмерку. Сделайте шаг правой ногой в сторону, поставьте ее на носок, чуть согнув в колене вовнутрь. Перенесите на эту ногу часть веса, одновременно выпрямите ее и полностью перенесите на нее вес. При этом отведите бедро назад. Выполните такое же движение, сменив положение ног.

# Блюда латиноамериканской кухни

*Любая латиноамериканка, приглашая на ужин любимого мужчину, обязательно заботится о том, чтобы в меню присутствовали блюда из возбуждающих продуктов. Ее темперамент проявляется не только в сексуальных отношениях с партнером, но и на кухне. Попробуйте и вы воспользоваться лучшими традициями латиноамериканской кухни и приготовить для своего гостя потрясающие кушанья.*

*Завтрак в странах Латинской Америки состоит из булочек, сливочного масла, джема, сока и кофе. На обед и ужин подают не менее 4—5 блюд. В меню обязательно включают одно или два основных блюда и несколько закусок или салатов.*

Кухни стран Латинской Америки во многом схожи между собой. Для приготовления большинства блюд там используют кукурузу, фасоль, а также различные овощи. Самой большой популярностью в этих странах пользуются кукуруза, перец и помидоры. Из мясных блюд на столе в основном присутствуют кушанья из говядины, жаренной на углях или решетке. Не менее популярны и блюда из тушеной свинины с красной фасолью и копченой колбасой в томатном соусе и с красным молотым перцем.

Особенность латиноамериканской кухни заключается в том, что мясные продукты, рыбу и морепродукты не панируют, а гарниры к ним обязательно подают отдельно. Готовят их преимущественно из картофеля, кукурузы, риса, лапши, заправляя сливочным маслом. Для заправки салатов и для приготовления многих кушаний используют оливковое масло.

Видное место в питании латиноамериканцев занимают фрукты, соки и сыры. Самый любимый напиток — кофе: на завтрак его подают с молоком или со сливками, а после обеда и ужина — черным.

# Салат «Мексиканский»

*150 г ветчины, 100 г отварного риса, 100 г консервированной кукурузы, 2 стручка болгарского перца, 1 красная луковица, 2 столовые ложки оливкового масла, ½ пучка зелени укропа и петрушки, соль и перец.*

Болгарский перец вымойте, удалите плодоножки и семена, нарежьте полосками. Лук очистите, вымойте, мелко нарежьте. Зелень вымойте, мелко нарежьте.

Ветчину нарежьте кубиками, смешайте с рисом, кукурузой, луком и болгарским перцем. Посолите, поперчите, добавьте оливковое масло, перемешайте и выложите приготовленную смесь в салатник. Посыпьте салат зеленью.

## Омлет по-креольски

3 яйца, 1 луковица, 1 помидор, 1 стручок болгарского перца, 100 г бекона, 2 столовые ложки молока, $1/2$ пучка зеленого лука, 2—3 веточки укропа, соль и перец.

Репчатый лук очистите, вымойте, нарежьте полукольцами. Зеленый лук вымойте, измельчите. Зелень укропа вымойте. Болгарский перец вымойте, удалите плодоножку и семена, мелко нарежьте. Помидор вымойте, нарежьте кружочками. Бекон нарежьте небольшими кусочками, обжарьте вместе с репчатым луком, залейте взбитыми с молоком яйцами, посолите, поперчите и жарьте омлет до готовности. Выложите на тарелку, посыпьте зеленым луком и болгарским перцем, украсьте кружочками помидора и веточками укропа.

# Салат «Мачо»

150 г консервированной рыбы, 150 г консервированной красной фасоли, 100 г отварного риса, 50 г маслин без косточек, 50 г острой маринованной моркови, 1 луковица, 1 помидор, 1 стручок болгарского перца, по 2—3 листа пекинской капусты и зеленого салата, 2 столовые ложки оливкового масла, соль и перец.

Помидор вымойте, нарежьте ломтиками. Болгарский перец вымойте, удалите плодоножку и семена, мелко нарежьте. Маслины нарежьте. Лук очистите, вымойте, мелко нарежьте. Листья капусты и салата вымойте, выложите на блюдо. Кусочки консервированной рыбы смешайте с рисом, фасолью, луком, морковью, болгарским перцем и маслинами, посолите, поперчите, заправьте оливковым маслом, перемешайте и выложите на листья салата и капусты. Украсьте салат ломтиками помидора.

# Закуска из болгарского перца и мяса

*2 стручка болгарского перца, 350 г мясного фарша, 2 маринованных огурца, 1 стебель лука-порея, 1 луковица, 1 вареная морковь, $1/2$ пучка зеленого лука, 2 столовые ложки оливкового масла, соль и перец.*

Болгарский перец вымойте, удалите плодоножки и семена, разрежьте каждый стручок на 4 части. Репчатый лук очистите, вымойте, измельчите. Маринованные огурцы мелко нарежьте. Фарш смешайте с луком и обжарьте в оливковом масле, посолите, поперчите, добавьте огурцы. Морковь очистите, нарежьте фигурными ломтиками. Лук-порей и зеленый лук вымойте, нарежьте. Наполните четвертинки болгарского перца приготовленной начинкой, украсьте ломтиками моркови, посыпьте луком-пореем и зеленым луком.

**П**ервое в вашей жизни вечернее платье... Первый вальс... Прощание со школой... Вы стали взрослой, и впереди у вас новые открытия, перспективы, интересные знакомства, свидания, замужество. А сейчас, после выпускного вечера, одноклассник, сосед или просто знакомый, на которого вы раньше не обращали внимания или, напротив, всегда обращали, пригласил вас провести с ним романтический вечер. И вы понимаете, что он уже не будет похож на ваши прогулки после занятий в школе или на посещения кино или театра. Это настоящее свидание, возможно, одно из первых в вашей и его жизни. Встреча, которую вы проведете как взрослые мужчина и женщина, или почти как взрослые.

## Впервые наедине

У вас еще нет опыта общения с мужчинами? Вы не знаете, как вести себя на свидании? Поэтому вы теряетесь, волнуетесь, переживая из-за каждой мелочи, которая, как вам кажется, может испортить встречу. Будьте самой собой. Ведь любимый пригласил вас на свидание не просто так. Скорее всего, вы ему сильно нравитесь, и он хочет узнать вас поближе.

Каждая женщина мечтает о серьезных отношениях с любимым мужчиной. Она хочет, чтобы он пленился не только ее красотой, но и хорошими чертами характера, умом, деловыми качествами, хозяйственностью. Но, увы, большинство представителей сильной половины человече-

# Свидание после выпускного бала

*Выбирая губную помаду, помните, что теплые оттенки мужчинам нравятся намного сильнее холодных, а от фиолетовой, голубой и серой помады они впадают в состояние депрессии.*

ства, только познакомившись с девушкой, прислушиваются исключительно к своему либидо. И это относится не только ко взрослым мужчинам, но и к вашим ровесникам. А свидание у вас, скорее всего, состоится именно со сверстником. И если вы думаете, что он пригласил вас провести с ним романтический вечер, потому что вы умная и хозяйственная, вы заблуждаетесь. Но не расстраивайтесь сильно по этому поводу и не отменяйте встречу, мужчины устроены так, что сначала они обращают внимание только на внешность женщин, а уж потом на их душевные качества. И чтобы очаровать понравившегося мужчину, вам надо всего лишь хорошо выглядеть, а вот чтобы ваши отношения развивались, необходимо показать себя с других сторон. Но это будет потом, возможно, в разгар свидания или даже при следующей встрече.

Поэтому прежде всего вам следует позаботиться о своем внешнем виде, то есть выглядеть так, как нравится не только вам, но и вашему любимому. Для начала запомните одну простую истину: чем больше вы будете внешне отличаться от мужчины, тем сильнее вы ему понравитесь.

Почти все мужчины любят, когда женщины носят платья или юбки. Им не нравится, когда представительницы прекрасного пола носят брюки, даже обтягивающие. Конечно, они смирились с этим фактом, но все же предпочитают, чтобы женщина выглядела как женщина, а не как «свой парень». По этой же причине мужчины не любят, когда женщина надевает бесформенный свитер и тупоносые ботинки на толстой подошве.

На свидание лучше всего надеть юбку с блузкой или платье. Только не переборщите с обнажением конечностей. Не всем мужчинам нравятся сексуальные провокации, поэтому, если вы хотите продемонстрировать прелести своей фигуры, сосредоточьтесь на чем-нибудь одном: например, если вы выбрали мини-юбку, не надевайте блузку с вырезом декольте.

Еще одна важная деталь вашего туалета — это туфли. Большинство мужчин любят остроносые туфельки на высоком каблуке, а также босоножки с открытыми пальцами.

Даже зная все секреты обольщения, надев

сексуальный наряд и приготовив любимому потрясающий ужин, вы можете проколоться на сущем пустяке. Этот пустяк — разговор. Многие мужчины изначально убеждены в своей победе в дискуссии с женщиной. Не лишайте любимого этой наивной уверенности, хотя бы на предстоящем свидании или на прогулке после знакомства. Самая лучшая тактика ведения беседы — это развивать мысли мужчины, задавать ему вопросы (не глупые) и сосредоточенно слушать его.

## Чего не терпит любовь

*Добиться того, чтобы мужчина симпатизировал вам или влюбился в вас, не так сложно, как кажется на первый взгляд. Намного труднее сохранить теплые отношения с избранником и не дать погаснуть огню любви.*

Что губит любовь и заставляет мужчину и женщину, которые совсем недавно не мыслили друг без друга жизни, расстаться? Конечно, бывает, что один из партнеров окунается с головой в новое чувство, встретив человека, который, как он считает, является его судьбой. Бывает, что влюбленные не сходятся характерами, или их, как пропасть, разделяют разные взгляды на жизнь и неодинаковые интересы.

Причин угасания чувств может быть множество. Но большинство трудностей влюбленные способны преодолеть, поскольку их чувства оказываются намного сильнее, чем, например, разные взгляды на ту или иную проблему. Однако существует четыре фактора, которые никакая, даже самая сильная любовь, терпеть не будет. Это жестокость, холодность, пренебрежение и зависть.

**Жестокость.** Любовь и жестокость — это два противоположных понятия. Можно ли жестоко поступать с человеком, которого вы искренне любите? Вам кажется, что нет? Но такое в жизни происходит сплошь и рядом. Чаще всего подобные поступки связаны с эгоизмом одного из партнеров.

**Холодность.** Многие мужчины и женщины ошибаются, думая, что, показывая свою любовь к партнеру, открываясь ему, они делают себе только хуже. Они уверены, что он будет слишком самоуверен, убедившись, что его любят, и может причинить им душевную боль, начав жить по принципу «он (она) меня любит, значит, никуда не денется. А я буду делать все, что захочу!» Другими словами, такая холодность для мужчины или женщины порой является всего лишь защитой от эмоциональных травм. Но это большая ошибка. Ваши отношения с любимым не будут полноценными, если вы не начнете доверять и полностью открываться друг другу.

**Пренебрежение.** Это чувство чем-то напоминает неблагодарность, когда один из партнеров принимает взаимоотношения с любимым как нечто само собой разумеющееся и пренебрегает его желаниями и проблемами. Другими словами, когда в ваших силах выполнить просьбу избранника, а вы ею пренебрегаете, это нарушает ваши взаимоотношения с ним, губит доверие и любовь.

**Зависть.** Успех одного из партнеров, его материальное положение, привилегии и достижение целей — все это может вызывать зависть у другого партнера. Это чувство губит любовь, поскольку влюбленные должны не завидовать, а радоваться успехам и благополучию друг друга. К сожалению, в современном обществе зависть является одной из веских причин разрыва отношений между парами.

## Приглашение на чашечку кофе

*Если ваше свидание — это поход в кино, в театр, на дискотеку или просто вечерняя прогулка по парку, вы, возможно, захотите позвать любимого на чашечку кофе. А знаете ли вы, что подобное приглашение каждый мужчина трактует по-своему? Одни на самом деле идут пить ароматный напиток, другие воспринимают такое предложение двусмысленно, третьи вообще реагируют на это странным образом. Можно ли предсказать поведение партнера после его согласия выпить кофе у вас дома? Астрологи утверждают, что это вполне реально.*

**Овен.** Приглашая к себе мужчину этого знака, учтите, что поначалу он будет вести себя очень скромно, полностью предоставив вам свободу действий. Если вы дадите ему понять, что ждете от него интеллигентного поведения, он будет учтивым и вежливым. Если же вы начнете провоцировать его на более активные действия, он незамедлительно приступит к ним.

**Телец.** Поскольку физическая любовь — неотъемлемая часть натуры представителя этого знака, ситуация получится весьма двусмысленной, если вы подарите ему какие-либо надежды. Поэтому если вы не настроены на подобное продолжение вечера, а хотите всего лишь угостить любимого чашечкой кофе, четко скажите это ему еще до того, как он окажется у вас дома.

**Близнецы.** Мужчины этого знака убеждены, что все женщины делятся только на две категории: порядочные и все остальные. Поэтому, если вы хотите, чтобы он отнес вас к первой категории, держите любимого на расстоянии как можно дольше. А приглашая его выпить кофе у вас дома, не делайте двусмысленных намеков, не флиртуйте с ним, давая надежду на нечто большее, чем разговор за чашечкой горячего напитка. Дайте ему понять, что ваше предложение — это только приглашение на кофе и ни на что другое ему рассчитывать не стоит.

**Рак.** Кофе с пирожным или печеньем представителю этого знака хватит за глаза, поскольку ни на что иное, услышав ваше предложение, он и не будет рассчитывать. Он, скорее всего, уже возвел вас на пьедестал и не может допустить даже мысли, что вы способны обмануть его, используя традиционную женскую уловку — приглашение на чашечку кофе.

**Лев.** Вряд ли он будет пить кофе без коньяка, а если и будет, то после кофе обязательно намекнет на более интимное продолжение вечера. Но ваш отказ его нисколько не обидит точно так же, как и предварительный разговор о том, что ваше приглашение на кофе ему следует воспринимать только как совместное наслаждение этим ароматным напитком.

**Дева.** Мужчина этого знака — настоящий джентльмен. Выпив кофе, он галантно распрощается, даже не намекнув, что ждал от вечера чего-то большего. Если он вас любит, то готов ждать сколько угодно — его терпение поистине безгранично. Единственное, что вам необходимо запомнить — приглашение на кофе должно быть озвучено для мужчины-Девы заранее, желательно в самом начале свидания, поскольку он не привык ходить в гости с пустыми руками. Кроме того, прежде чем приглашать его, наведите в квартире если не стерильную чистоту, то хотя бы порядок, а то в следующий раз он к вам просто не придет.

**Весы.** Если вы твердо решили, что никаких любовных признаний, поцелуев и эротики на вашем свидании не будет, лучше откажитесь от желания приглашать любимого на чашечку кофе. Вы все равно не устоите перед его чарами, поскольку он, как ни один другой знак, знает, как можно быстро соблазнить женщину.

**Скорпион.** Ни одна разумная женщина не станет играть с мужчиной этого знака в кошки-мышки, поскольку он не терпит неопределенных отношений. Если вы приглашаете его только на кофе, так и скажите. А если о кофе вы сейчас думаете в последнюю очередь, признайтесь ему в этом.

**Стрелец.** Вам не просто будет отделаться от мужчины этого знака чашечкой кофе. Любой ваш довод только рассмешит его, но не остановит. С ним легче согласиться, чем что-либо ему доказывать. Поэтому, приглашая его на чашечку кофе, хорошо подумайте, желаете ли вы строить с ним какие-либо отношения, кроме дружеских, или нет.

**Козерог.** Соглашаясь выпить с вами кофе, он ни о чем, кроме кофе, не думает. Поэтому расслабьтесь и наслаждайтесь ароматным напитком, уединением и интересной беседой. И хотя мужчина-Козерог — натура чувственная и, глядя на вас, наверняка думает о сексе, он никогда не обидит вас «непристойным» предложением, а дождется, когда вы сами подведете его к этому.

**Водолей.** Он с удовольствием обсудит с вами за чашечкой кофе свои перспективы, идеи и даже мировые проблемы. Он так увлечется разговором об экологии или вооруженном конфликте в горячей точке, что кофе уже остынет, а вы забудете о своих желаниях, даже если сначала приглашение на кофе и было поводом для их реализации. Однако по дороге домой мужчина-Водолей поймет, что он свалял дурака, но на следующий день все забудет и снова придет к вам пить кофе и выдвигать свои идеи переустройства мира.

**Рыбы.** Приглашая мужчину этого знака на кофе, приготовьтесь к самым щекотливым ситуациям. Если вы наброситесь на него с поцелуями и объятиями, он вполне может смущенно попросить еще чашечку кофе, а если, напротив, станете вести себя холодно, он сам приступит к активным действиям. А, услышав ваше «нет», посмотрит на вас так, как будто вы оскорбили его в лучших намерениях.

## Десерт к чашечке кофе

*Приглашая любимого на чашечку кофе, позаботьтесь о десерте. Конечно, вы можете купить пирожные, торт или печенье, но лучше, если вы угостите избранника чем-либо необычным.*

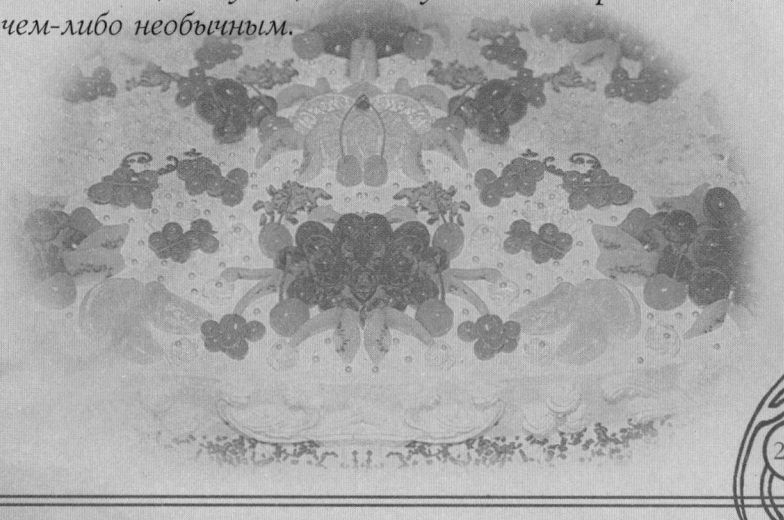

# Десерт «Последний звонок»

*350 г сливы, 200 г красной смородины, 300 мл взбитых сливок, 1—2 столовые ложки сахарной пудры, 1 веточка мяты.*

Сливу, смородину и мяту вымойте. Из сливы удалите косточки, нарежьте дольками. Ягоды смородины разложите по креманкам, посыпьте сахарной пудрой и залейте взбитыми сливками. Сверху положите дольки слив и украсьте десерт листиками мяты.

## Десерт «Нежное утро»

6 половинок консервированных персиков, 150 г консервированного яблочного пюре, 70 г замороженной ежевики, 50 г цукатов из ананаса, 1 столовая ложка жирных сливок, 2 столовые ложки сахарной пудры, 1 мандарин.

Мандарин вымойте, очистите, разделите на дольки. Сливки взбейте с сахарной пудрой и яблочным пюре. Полученной массой наполните половинки персиков. Сверху положите ягоды ежевики. Украсьте десерт дольками мандарина и цукатами.

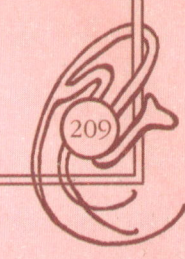

# Десерт «Воздушный поцелуй»

*200 г мякоти дыни, 2 банана, 2 киви, 2 столовые ложки бананового ликера, 2 столовые ложки сахарной пудры.*

Бананы и киви вымойте, очистите, нарежьте ломтиками. Мякоть дыни нарежьте небольшими кусочками, смешайте с бананами и киви. Приготовленную смесь посыпьте сахарной пудрой, сбрызните ликером и поставьте на 30 минут в холодильник. Украсьте десерт декоративными шпажками.

## Канапе «Гурман»

*150 г крекеров, 150 г копченой красной рыбы, 50 г маслин без косточек, 1 помидор, по 1—2 веточки укропа и петрушки.*

Помидор, укроп и петрушку вымойте.

Помидор, рыбу и маслины нарежьте небольшими кусочками, выложите на крекеры. Украсьте канапе листиками петрушки и укропа.

# Кофе «Он и она»

3 чайные ложки молотого кофе, 2 чайные ложки сахара, 1 столовая ложка сливок, 1 чайная ложка тертого горького шоколада, молотые корица и кардамон на кончике ножа.

Всыпьте кофе в турку, добавьте сахар, влейте 200 мл холодной воды и доведите на маленьком огне до кипения. Разлейте напиток по чашкам, в одну добавьте корицу и кардамон, в другую — сливки и тертый шоколад.

# Свидание по-испански

Ч то такое свидание по-испански? Это блюда испанской кухни, наряд темпераментной Кармен и, конечно, любовь, выраженная через самый чувственный испанский танец — фламенко.

## Любовные традиции Испании

*Несмотря на то что испанцы — народ темпераментный, к предстоящему романтическому свиданию они готовятся с настоящим немецким педантизмом, планируя его заранее. Тем не менее такой рациональный подход к личной жизни никоим образом не влияет на отношение к ней самих испанцев — они абсолютно довольны своими интимными отношениями, поскольку они полны нежности и чувственности.*

Любимыми цветами современных испанских женщин являются красный и оранжевый. Отправляясь на свидание, они предпочитают надевать наряд именно такого цвета. Кстати, в букете, который мужчина дарит своей возлюбленной, традиционно присутствуют красные и оранжевые цветы. Иногда женщины прикрепляют живой или искусственный цветок к волосам.

Встреча двух влюбленных в Испании всегда сопровождается неподдельным восторгом и радостными восклицаниями. За ними обязательно следуют объятия и обмен поцелуями, причем всегда двумя. Такой же ритуал повторяется и при прощании.

При произнесении тоста испанские влюбленные обязательно желают друг другу здоровья и любви, а в тот момент, когда их бокалы соприкасаются, они говорят: «Чин-чин!»

Вообще в выражении своих чувств испанские влюбленные пары очень открыты и непосредственны. Они все время улыбаются, много смеются и никогда не стыдятся своих чувств, громко выражая радость и целуясь практически на каждом углу.

Разговор испанской пары очень эмоционален. Они много жестикулируют, постоянно обнимаются и во многом вообще лишены комплексов. Едва познакомившись, мужчина и женщина уже обращаются друг к другу на «ты», поскольку обращение на «вы» обижает большинство испанцев.

У испанцев своеобразный режим дня, поскольку фиксированного времени для завтрака, обеда и ужина у них не существует — все зависит от того, во сколько начинается рабочий день. Однако время сиесты для них никогда не меняется. С 13 до 17 часов они расходятся по домам обедать и отдыхать. А вот романтический ужин большинство испанцев назначают не ранее, чем на 22 часа, и заканчивается он приблизительно в 1 час ночи, а иногда продолжается и до 4–5 утра.

Первая часть свидания всегда проходит в баре, кафе или на дискотеке. Затем влюбленные гуляют по ночным улицам, опять же переходя от одного бара к другому и выпивая в каждом по бокальчику вина, и только после романтической прогулки отправляются домой, и проводят встречу в более интимной обстановке.

*Если вы решите провести свидание по-испански, то получите целую гамму новых впечатлений. Возбуждающие испанские блюда, букет красных роз, сногсшибательный наряд, комплименты и темпераментные объятия, веселая прогулка и чувственный вечер наедине с любимым — такое свидание вы запомните на всю жизнь.*

*Испанские мужчины — самые большие в мире специалисты по комплиментам. Осыпать ими любимую женщину для них — настоящее удовольствие.*

# Стихия фламенко

Важнее любых способностей и техники в этом танце — чувства, эмоции, душевный порыв. Фламенко — это танец, который исполняют сильные люди, в душе которых горит пламя чувственности, страсть к свободе, неукротимое желание открыть себя через движения тела. Фламенко — это своеобразный протест против скучной однообразной жизни. Он дает уверенность в себе, в своих силах. Видимо, поэтому в настоящее время мода на фламенко переживает в России настоящий бум. И если вы решили провести свидание в испанском стиле, освойте хотя бы основные движения этого танца, а построить его вы легко сможете самостоятельно, потому что самым важным элементом фламенко является искренность его исполнения.

Музыкальные записи для фламенко вы приобретете без труда и сразу же будете очарованы потрясающим ритмом этого танца. Именно понимание и внутреннее ощущение этого ритма исполнителем и рождают фламенко — мистический и безумно красивый танец. Этот ритм сливается с ритмом сердца танцора, и в душе последнего зарождается то, что испанцы называют «дуэндэ» — магия, дух танца, огонь, нечто неуловимое внутри человека. Именно благодаря «дуэндэ» танец дает такие возможности самовыражения, которые не способна предоставить ни одна из доступных форм современного искусства.

В исполнении фламенко нет жестких правил. Его можно назвать импровизацией. Поэтому вы можете танцевать его свободно — так, как вам хочется, то есть выражать через него те чувства и эмоции, во власти которых вы находитесь в данный момент. Вам достаточно только один раз посмотреть, как танцуют фламенко, и вы поймете, что у этого танца нет четкой схемы и заученных па. Если вы проникнетесь музыкой фламенко, почувствуете ее красоту, неповторимость и ритм, то научитесь исполнять этот танец буквально за несколько минут.

# Как узнать секреты любимого

Испанки считают, что необязательно встречаться с мужчиной полгода, чтобы узнать его характер и разгадать все его тайны. Многое о внутреннем мире любимого они узнают по его жестам, а то, что невозможно выяснить этим способом, испанки разгадывают по его действиям. Таким образом уже через несколько дней после знакомства они узнают об избраннике практически все, что их интересует. Попробуйте и вы воспользоваться их опытом, стараясь при общении с любимым получить ответ на приведенные ниже вопросы.

### Как давно он дружит со своей компанией?

Если ваш избранник дружит со своей компанией с детства, ему свойственны такие черты характера, как преданность и верность. Но будьте терпеливы: чтобы завоевать его доверие, вам потребуется довольно длительное время.

### Чем он предпочитает расплачиваться: кредитной картой или наличными?

Мужчина, который расплачивается пластиковой картой, имеет высокий социальный статус или, по крайней мере, страстно желает его иметь. Он всегда добивается поставленной цели. Если же ваш избранник предпочитает платить по счетам наличными деньгами, он самостоятельный и очень независимый. Ну а в случае, когда он не протестует, чтобы за ужин заплатили вы, или принимает ваше предложение оплатить счет совместно, перед вами мужчина, который сильно зависит от других и считает, что все должны о нем заботиться.

### Как он водит автомобиль?

Если ваш любимый постоянно лавирует среди других машин, обгоняя их и проклиная нерасторопных водителей, он имеет склонность к агрессии. Кроме того, его легко вывести из себя. Если же мужчина, застряв в пробке, сохраняет спокойствие, он контролирует свои эмоции, терпелив, на него можно положиться в любой ситуации.

### Как он предпочитает общаться с вами?

Если ваш избранник предпочитает электронную почту звонкам, перед вами мужчина со сложным характером. Тот факт, что он выбирает путь общения, позволяющий ему тщательно подготовить все, что он желает сказать, свидетельствует о его нежелании открывать вам свой внутренний мир. Если же он общается с вами по ICQ, знайте: ваше постоянное внимание ему необходимо, как воздух. Если мужчина любит говорить с вами по телефону, он немного старомоден, но в то же время не боится близких отношений. Если же мужчина использует телефонный звонок только для того, чтобы узнать, что у вас все нормально, и назначить вам свидание, вы можете на него положиться.

### Какие предметы вашего гардероба его возбуждают?

Если надетые на вас футболка и джинсы нравятся вашему любимому больше, чем мини-юбка и шелковая блузка, вы встречаетесь с мужчиной, который не придает значения материальному положению женщины. Если же он приходит в восторг от нарядов известных кутюрье, огромное престиж для него имеет огромное значение. Если избранник любит, когда вы облачаетесь в суперсексуальный наряд, таким образом он хочет повысить свою самооценку. Скорее всего ему важно, чтобы окружающие восхищались вами и завидовали ему.

**Проявляет ли он инициативу в сексе?**

Ваш любимый предлагает вам заняться любовью в любом месте в любое время? Это означает, что либо он уверен в вашей любви, либо считает, что женщина во всем должна подчиняться мужчине. Если же прежде, чем перейти к активным действиям, он ждет от вас инициативы или согласия, скорее всего,

*Пригласите любимого на вечеринку к своим друзьям и посмотрите, как он станет себя вести. Если он будет скромно стоять в стороне ото всех и застенчиво улыбаться, не ждите от него суперромантических поступков.*

его самолюбие было сильно задето в прошлом, когда его бывшая возлюбленная отказала ему в сексуальной близости.

## Испанская кухня

*Испанская кухня заслуженно признана поистине фантастической. Паэлья, чоризо и гаспачо, тапас — это самые распространенные блюда испанской кухни, отличающиеся неповторимым и вкусом и ароматом. И если вы решили провести свидание в испанском стиле, не забудьте о непревзойденной испанской кухне. Ваш любимый придет в неописуемы восторг, если вместо традиционной жареной курицы или котлет вы подадите ему ароматную паэлью.*

Испанская кухня отличается разнообразием и пользуется заслуженной славой во всем мире. В северных областях страны готовят преимущественно рыбные блюда и кушанья из морепродуктов, а в качестве напитка к столу подают испанскую водку и кислое вино. Самыми популярными там являются треска по-бискайски, жареные мальки угря и чесночный суп. Также этот регион славится сырами, блюдами из свежих овощей и фруктов.

Кухня восточных районов знаменита жареной свининой с чесночным соусом, пикантными

*На испанских островах готовят преимущественно рыбные блюда и кушанья из морепродуктов. Кроме того, такие фрукты, как бананы, авокадо и папайя используют для приготовления как десертов, так и основных блюд.*

копчеными колбасами, блюдами из овощей и риса, халвой из миндаля, сухими винами и абсентом. В центральной части страны преобладают острые блюда из мяса. Самое характерное блюдо этого региона — косидо. Его готовят из турецкого гороха, картофеля, лука, моркови, капусты, мяса, копченой колбасы и лапши. Запивают это кушанье крепким красным вином.

На десерт здесь подают свежие фрукты и халву.

На юге Испании распространены блюда из жареного мяса, птицы, гаспачо (холодный суп-пюре), кушанья с добавлением маслин, чеснока и винограда.

## Паэлья с креветками и болгарским перцем

*250 г риса, 250 г замороженных очищенных креветок, 2 стручка болгарского перца, 1 луковица, 2 столовые ложки оливкового масла, 2 столовые ложки кетчупа, 150 мл овощного бульона, 2—3 веточки петрушки, соль и перец.*

Рис промойте. Болгарский перец вымойте, удалите плодоножки и семена, нарежьте небольшими кусочками.

Лук очистите, вымойте, мелко нарежьте. Петрушку вымойте. Болгарский перец и лук жарьте в сотейнике на оливковом масле 2–3 минуты. Добавьте креветки, перемешайте и жарьте еще 2 минуты. Добавьте рис и бульон, посолите, поперчите, готовьте под крышкой на медленном огне до полной готовности риса. При необходимости добавьте бульон. Паэлью разложите по тарелкам, украсьте кетчупом и листиками петрушки.

# Рис с копченым угрем

*250 г риса, 250 г филе копченого угря, 1 морковь, 1 луковица, 2 столовые ложки оливкового масла, 2 веточки петрушки, специи для риса, соль.*

Рис промойте, отварите в подсоленной воде, откиньте на сито. Морковь и лук очистите, вымойте. Морковь натрите на крупной терке, лук мелко нарежьте. Зелень петрушки вымойте. Морковь и лук спассеруйте в оливковом масле, добавьте рис и специи, посолите, перемешайте. Филе угря нарежьте небольшими кусочками. Рис разложите по тарелкам, сверху выложите кусочки рыбы, украсьте листиками петрушки.

## Телятина, тушенная в красном вине

*300 г телятины, 200 мл красного вина, 300 г отварного риса, 200 г брокколи, 1 стручок болгарского перца, 1 помидор, 1 луковица, соль и красный молотый перец.*

Телятину промойте, нарежьте небольшими кусочками. Брокколи вымойте, разделите на соцветия. Болгарский перец вымойте, удалите плодоножку и семена, нарежьте полосками. Помидор вымойте, нарежьте небольшими кусочками. Лук очистите, вымойте, нарежьте полукольцами. Мясо положите в сотейник, залейте вином и тушите под крышкой на среднем огне 25–35 минут. Затем добавьте овощи, посолите, поперчите и тушите до готовности. Разложите по тарелкам, гарнируйте рисом.

# Закуска из копченой свинины по-испански

*200 г копченой свинины, 2 помидора, 1 стручок болгарского перца, 1 яблоко, 1 красная луковица, 2 столовые ложки майонеза, $1^1/_2$ столовые ложки лимонного сока, 2—3 веточки укропа, соль и перец.*

Помидоры вымойте, нарежьте ломтиками. Лук очистите, вымойте, нарежьте полукольцами. Яблоко вымойте, очистите, удалите сердцевину, нарежьте ломтиками и сбрызните лимонным соком (1 столовая ложка). Болгарский перец вымойте, удалите плодоножку и семена, нарежьте полукольцами. Копченую свинину нарежьте небольшими кусочками. Укроп вымойте.
На плоское блюдо выложите подготовленные овощи, яблоко и мясо. Полейте закуску соусом, для приготовления которого смешайте майонез с оставшимся лимонным соком, посолите, поперчите и украсьте веточками укропа.

# Теплый салат из осьминогов

*250 г замороженных осьминогов, 150 мл сухого белого вина, 1 молодой цукини, 1 луковица, 2 столовые ложки оливкового масла, по $1/2$ пучка зелени петрушки и базилика, соль.*

Осьминоги залейте белым вином, тушите на маленьком огне под крышкой до готовности, посолите. Лук очистите, вымойте, нарежьте полукольцами. Цукини вымойте, натрите на терке, не очищая от кожицы. Зелень петрушки и базилика вымойте, измельчите. Лук и цукини потушите с оливковым маслом, добавьте зелень, посолите. Готовые осьминоги и тушеные овощи разложите по тарелкам.

**Ч**то такое вечеринка вдвоем с любимым? Это зажигательная танцевальная музыка, стильный наряд, яркий макияж, смелая прическа, ароматные коктейли, легкие закуски и, конечно, веселье до самого утра. Другими словами, отличается от традиционных вечеринок такое мероприятие только тем, что вы его проводите наедине с любимым. И если вы не страдаете от отсутствия толпы веселых гостей, то есть вам совсем не скучно вдвоем, такое свидание доставит вам массу приятных впечатлений.

## Когда форма имеет значение

Для свидания-вечеринки лучше всего приготовить легкие закуски и различные коктейли. Однако если вы захотите подать к столу алкогольные напитки, не смешивая их, позаботьтесь о том, чтобы для каждого из них были правильно подобраны бокал или рюмка.

Чтобы полностью ощутить вкус и аромат напитка, нужно пить его из бокала подходящей формы. Если вы сервируете стол для вечеринки по всем правилам, сначала вам надо поставить стакан, предназначенный для воды или сока. Затем — бокал для шампанского, белого, красного и десертного вин.
В бокалы с широкими краями налейте напитки, в которых сильнее выражен вкус,

# Вечеринка вдвоём

## Искусство красиво пить

*Искусством является не только подбор посуды для напитков и приготовление коктейлей, но и умение их правильно пить. Поскольку ваша вечеринка — это не просто посиделки в компании друзей, а настоящее свидание, вам необходимо быть безупречной во всём, в том числе и в употреблении напитков. Если вам кажется, что проще этого ничего быть не может, вы ошибаетесь, поскольку значение в этом искусстве имеет не только то, как вы отпиваете из бокала, но и как вы держите его в руке.*

нежели аромат, а в те, что сужаются кверху, — вина с изысканным букетом. Белое вино подайте в бокалах на высоких ножках.

Не забудьте, что сухое шампанское подают в высоких узких фужерах, а сладкое — в бокалах-креманках. Для крепких напитков подайте маленькие рюмки и фужеры. При этом ёмкость бокала должна быть напрямую связана с крепостью напитка: чем он крепче, тем меньше должна быть рюмка.

Помимо формы, огромное значение имеет и наполняемость бокалов. Вино наливают на $^2/_3$ объёма, водку — на $^3/_4$, бренди и коньяк — на $^1/_3$. Стакан для коктейля наполняют на один, два или три горизонтально расположенных пальца, поскольку в нём, помимо напитка, должен находиться ещё и лёд.

*Крепость напитка должна гармонировать с подаваемыми к столу блюдами. Чем они легче, тем слабее должен быть напиток.*

Всю посуду для напитков держат кончиками пальцев. Если у бокала высокая ножка, зажмите её между большим и средним пальцами, придерживая безымянным, подпирая её основанием мизинца и фиксируя при этом стенку бокала приподнятым указательным. Фужер-тюльпан, а также большой или фигурный бокал возьмите всеми пальцами за ножку, подпирая основание чаши указательным пальцем.

Исключением из правил является коньячная рюмка. Вам необходимо взять её в ладонь, зажав ножку между средним и указательным пальцами.

Легче всего держать стакан для пива.

Возьмите его как можно ближе к основанию четырьмя пальцами, а мизинцем придерживайте дно. Пивную кружку вам следует держать за ручку всеми пальцами так, чтобы большой палец располагался на ее верхнем ребре.

Водку, шампанское и игристые вина можете выпить сразу или отпивать их понемногу. Вино пейте медленно, а ликер очень маленькими глотками, с перерывами. Медленнее всего надо пить ром, бренди и коньяк. Что касается коктейлей, пейте их небольшими глотками или через соломинку.

## Гороскоп алкогольных предпочтений

*Если вы затрудняетесь с выбором алкогольных и безалкогольных напитков для свидания-вечеринки, воспользуйтесь советами астрологов, которые считают, что кулинарные и алкогольные предпочтения людей во многом зависят от их знака Зодиака.*

*Овен.* Если ваш любимый родился под этим знаком, можете смело готовить ему коктейли на основе водки или виски. Однако он с удовольствием выпьет эти напитки и в чистом виде, особенно если вы приготовите основательную закуску. Не откажется мужчина-Овен и от пива. А холодным зимним вечером он с удовольствием выпьет грог, приготовленный на основе красного вина или коньяка.

*Телец.* Мужчине, родившемуся под этим знаком, предложите коктейль на основе водки. Особенно ему понравится напиток с добавлением апельсинового сока. Не откажется он и от десертного вина, а также от коктейля с добавлением цитрусового или шоколадного ликера.

*Близнецы.* Из напитков мужчина этого знака отдает предпочтение лимонаду. Он не любит крепкие спиртные напитки, и если вы хотите угостить его коктейлем, приготовьте его на основе пепси или кока-колы. Не откажется мужчина-Близнецы и от виски, только обязательно разбавленного тоником. То же самое касается водки и джина. Всем винам он предпочитает токайское, хотя с удовольствием выпьет бокал шампанского или белого сухого вина.

*Рак.* Как в жизни, так и в выборе напитков мужчина-Рак придерживается ортодоксальных взглядов. Например, коктейль ярко-синего цвета вызовет у него недоверие, и вы ни за что не уговорите его попробовать такой напиток.

Вообще крепких алкогольных напитков представитель этого знака избегает, хотя за ужином может пропустить рюмку водки, но только одну. Лучше всего его угостить крем-ликером, пуншем или наливкой. А если вы предлагаете ему коктейль, приготовьте его на основе минеральной воды или фруктового сока.

**Лев.** Мужчина этого знака — настоящий ценитель хорошего коньяка и благородного французского крепкого ликера. Не откажется он и от виски, водки, абсента и крепкого качественного пива. Из всех коктейлей он предпочитает водку с апельсиновым соком.

**Дева.** Если вы намереваетесь провести свидание-вечеринку с мужчиной, родившимся под этим знаком, покупайте спиртные напитки с расчетом только на себя, поскольку ваш избранник предпочитает употреблять только безалкогольные напитки — соки, минеральную воду, чай, кефир. Из уважения к вам он, конечно, выпьет несколько глотков белого вина или рюмочку домашней наливки, но удовольствия ему это не доставит.

**Весы.** Мужчина этого знака из всех напитков предпочитает безалкогольные и слабоалкогольные коктейли, крем-ликеры, белый или розовый вермут, крюшоны. Крепкие алкогольные напитки он не любит, но от рюмочки коньяка с лимоном не откажется.

**Скорпион.** Представитель этого знака — истинный мачо, и предпочитает он настоящие мужские напитки: португальский портвейн, херес, мадеру, красное крепленое вино. Пить он их будет только в чистом виде, поэтому, приготовляя коктейли, можете на него не рассчитывать.

**Стрелец.** В употреблении спиртного мужчина этого знака придерживается традиционных взглядов. В будни он предпочитает пить пиво или водку, а в праздники — более изысканные напитки. Поэтому, приглашая его на вечеринку, позаботьтесь, чтобы на вашем столе присутствовал французский коньяк, португальский портвейн, чинзано или мартини.

Кстати, от коктейлей на основе этих напитков мужчина-Стрелец тоже не откажется.

**Козерог.** Мужчину этого знака никак нельзя назвать большим любителем спиртного. Но если все же ситуация обязывает его выпить, он отдает предпочтение водке, дорогому марочному вину или настоящему джину с ароматом можжевельника. Что касается коктейлей, то порадовать своего избранника вы можете напитком на основе хереса или джина.

**Водолей.** Представитель этого знака просто обожает различные коктейли на основе водки и фруктовых соков. Не откажется он и от пива, а также от шампанского с шоколадом и фруктами.

**Рыбы.** Мужчина этого знака любит все — начиная от молодого белого вина и заканчивая водкой. Выбор того или иного напитка полностью зависит от настроения представителя этого знака. В хорошем расположении духа он отдает предпочтение белому или розовому французскому полусухому или полусладкому вину, сухому мартини, крем-ликеру, элитному мягкому коньяку. Если у вашего избранника настроение плохое, можете ему не предлагать ничего, кроме водки или джина.

## Четыре типа мужского поцелуя

Вряд ли ваше свидание-вечеринка обойдется без поцелуев. А знаете ли вы, что по тому, как мужчина целуется, можно с большой долей вероятности спрогнозировать дальнейшие отношения с ним? Существует четыре типа мужского поцелуя. Определив, к какому из них относится поцелуй вашего избранника, вы без труда сможете выбрать ту или иную линию поведения в отношениях с ним.

**Первый тип.** Если при поцелуе у вашего любимого губы и язык напряжены чуть больше, чем надо, а сам поцелуй имеет несколько истеричный оттенок, но в то же время действует на вас очень возбуждающе, готовьтесь к тому, что инициативу в ваших отношениях ваш избранник полностью предоставит вам. Такой мужчина считает, что задавать направление во всем должна женщина, а его миссия — ее развлекать. Чтобы добиться гармонии в отношениях с ним, вам надо быть хорошей хозяйкой, а также закрывать глаза на то, как он флиртует с другими женщинами. Если вы научитесь мягко и ненавязчиво доминировать в отношениях, ни при каких обстоятельствах не будете терять спокойствие и уверенность в себе, вы станете с ним идеальной парой.

**Второй тип.** Ощутив жесткий, властный и решительный поцелуй партнера, можете вздохнуть с облегчением — с таким мужчиной вы будете себя чувствовать спокойно в любой ситуации. Он верный, надежный, сильный и чувственный. Однако не ждите от него безумных романтических и эротических фантазий, поскольку он придерживается традиционных взглядов как в жизни, так и в любви. Подготовьтесь к размеренным и несколько однообразным отношениям. Если вы тяготеете к тихим семейным радостям, вы просто созданы друг для друга.

**Третий тип.** Если ваш любимый целуется нежно, осторожно, почти не используя язык, а как бы обхватывая ваши губы своими, он очень ласков и заботлив. Его душа — океан нежности. В отношениях с ним вам придется быть очень тактичной, поскольку такой мужчина очень раним, особенно в делах, касающихся любви. Если вы попросите, он пойдет с вами на край света, однако не ждите, что он сразу откликнется на какое-либо ваше предложение, которое он считает неприличным.

**Четвертый тип.** Если поцелуй вашего партнера похож на пакетик леденцов с разным вкусом, и он может целоваться в любой из трех описанных выше манер, переходя от одной к другой весьма непринужденно и улавливая все ваши желания, считайте, что вам крупно повезло. Ведь вы встретили самого настоящего мужчину. Однако ваше везение может продлиться недолго, поскольку такой мужчина, как ваш избранник, нравится всем женщинам, и он прекрасно об этом знает. Вам следует крепко держаться за него покрепче. Если вам удастся полностью завоевать его сердце, вас ждет идеальный союз, поскольку ключевыми словами в нем будут любовь и взаимопонимание.

## Секреты приготовления коктейлей

Коктейль — это не просто смесь напитков. Рецепт приготовления того или иного коктейля зависит от ингредиентов, которые входят в его состав. Одни напитки следует делать только в шейкере, другие — в блендере, третьи можно готовить прямо в стакане. Устраивая свидание-вечеринку, вам просто необходимо освоить искусство приготовления коктейлей, в противном случае, ни вы, ни ваш любимый не получите никакого удовольствия от этих напитков.

*Приготовление в шейкере.* Напитки, в состав которых входят трудно смешиваемые компоненты — такие, как сироп, ликер, молоко и яйца, — делайте только в шейкере. Наполните его на $2/3$ льдом, влейте напитки и закройте шейкер. После этого быстро и сильно встряхивайте его в течение 10–20 секунд, откройте и процедите коктейль через барное ситечко в предварительно охлажденные бокалы.

*Приготовление в блендере.* Коктейли из фруктов, мороженого, сливок и яиц, а также все прохладительные напитки готовьте в блендере. Положите в емкость несколько кубиков льда, затем влейте в нее необходимые напитки. Закройте блендер крышкой и взбивайте его содержимое на первой скорости в течение 10 секунд, затем включите вторую скорость и взбивайте еще 10 секунд. После этого перелейте коктейли в предварительно охлажденные бокалы, украсьте и сразу же подайте к столу.

*Приготовление в стакане для предварительного смешивания.* В такой емкости вам следует готовить коктейли, которые смешивают со льдом, но подают без него. Положите в стакан несколько кубиков льда, встряхните их, оставьте на 10 секунд, затем слейте оттаявшую воду. После этого влейте в стакан напитки, смешайте их барной ложкой, производя движения снизу вверх, и перелейте коктейль в предварительно охлажденные бокалы.

*Приготовление в бокале.* В стакане, в котором вы будете подавать коктейль, вы можете смешать напитки, легко соединяющиеся друг с другом. В предварительно охлажденный бокал положите несколько кубиков льда, налейте в него через барное ситечко напитки, осторожно перемешайте коктейль барной ложкой, украсьте и сразу же подайте к столу.

*Для ароматизации напитка цедрой цитрусовых возьмите небольшой кусочек цедры, зажмите его между пальцами и выжмите сок, который придаст коктейлю специфический аромат.*

## Коктейль «Летний»

*200 мл сухого белого вина, 200 мл яблочного сока, 2 кумквата, 2 ягоды ежевики, 2 столовые ложки цветного сахара, 1 чайная ложка лимонного сока.*

Края стаканов смажьте лимонным соком и обмакните их в цветной сахар. Смешайте вино и яблочный сок (предварительно охладите их), разлейте по бокалам. Кумкваты вымойте, сделайте на кожице каждого плода несколько надрезов и отогните ее в стороны, чтобы получились «цветки». В середину каждого положите по вымытой ягоде ежевики и прикрепите получившиеся украшения к краям стаканов.

# Коктейль «Дуэт влюбленных»

*300 мл полусладкого белого вина, 100 мл апельсинового сока, 50 мл лимонного сока, 1 ломтик апельсина, 1 ломтик яблока.*

Из ломтика яблока вырежьте украшения в виде бабочки и цветка.

200 мл вина смешайте с лимонным соком, наполните бокал, украсьте цветком из яблока и соломинкой. Оставшееся вино смешайте с апельсиновым соком, наполните смесью второй бокал и украсьте бабочкой из яблока и ломтиком апельсина.

# Коктейль «Кровавая Мэри»

*300 мл томатного сока, 100 мл водки, 2 ломтика сыра, 2 ломтика помидора, 1 маслина без косточки, 1 веточка петрушки.*

Томатный сок охладите, разлейте по стаканам, сверху по лезвию ножа влейте водку, стараясь, чтобы напитки не смешались. Маслину нарежьте кольцами, петрушку вымойте. На ломтиках помидора сделайте надрезы, вставьте в них кольца маслин и листики петрушки. Получившиеся украшения закрепите на краях стаканов вместе с ломтиками сыра.

## Канапе с копченой колбасой

*250 г пшеничного хлеба, 200 г копченой колбасы, 2 столовые ложки сливочного масла, 1 столовая ложка каперсов, 1 морковь.*

Морковь очистите, вымойте, нарежьте фигурными ломтиками. Хлеб нарежьте ломтиками небольшого размера, обжарьте в сливочном масле. Колбасу нарежьте тонкими ломтиками, выложите их на ломтики хлеба и скрепите канапе шпажками с нанизанными на них каперсами. Положите канапе на тарелку и украсьте ломтиками моркови.

# Мороженое с клубникой

*1 апельсин, 200 г мороженого, 100 г клубники, 30 г цукатов из ананаса.*

Апельсин вымойте, разрежьте пополам и аккуратно выньте мякоть. Края получившихся корзиночек фигурно вырежьте с помощью ножниц. Клубнику вымойте, удалите чашелистики, разрежьте каждую ягоду пополам. С помощью специальной ложечки вырежьте из мороженого шарики, разложите их по корзиночкам из апельсина, сверху положите клубнику. Украсьте десерт цукатами.

**В**ы любите приключения? Мечтаете о самом необычном в своей жизни свидании? Тогда вам просто необходимо уговорить любимого провести с вами насыщенный день, впечатления от которого останутся у вас на всю жизнь. Прыжки с парашютом, покорение горной вершины, путешествие автостопом, прогулка на катере, поездка на мотоцикле... Да мало ли что еще можно придумать, чтобы провести самое необычное свидание в жизни!

## Ролевые игры

*Если вы твердо решили провести свидание дома, но в то же время полны желания превратить его в настоящее приключение, обратитесь к эротическим ролевым играм. Но это вовсе не значит, что вам с первых минут встречи следует переходить к занятиям любовью (хотя это тоже неплохой вариант): выбрав определенный сценарий, вы можете придерживаться его весь вечер, а затем продолжить игру уже в объятиях друг друга.*

Практически все пары рано или поздно разнообразят свою интимную жизнь ролевыми играми. Конечно, подобные развлечения могут быть разной направленности. Это напрямую зависит от предпочтений партнеров или одного из них.

Ролевые игры не только разнообразят сексуальные отношения мужчины и женщины, но и вносят в них такие новшества, что у пары не возникает желания искать развлечений на стороне. Кроме того, ролевые игры позволяют партнерам окунуться в мир фантазий друг друга, снять напряжение и научиться более свободно подходить к сексу, то есть избавиться от различных комплексов.

Любая ролевая игра — это увлекательное приключение, и если вам не терпится воплотить свои эротические фантазии в жизнь и провести свидание

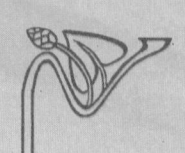

# Свидание-приключение

по волнующему вас сценарию, начните подготовку к такой встрече с... разговора об этом с любимым. Почему это необходимо сделать? Да потому что в большинстве случаев разница между вымышленными и реальными сексуальными стимулами бывает очень велика. Например, если некоторые садомазохистские приемы в мечтах действуют на вас возбуждающе, в реальности ваши ощущения могут быть далеки от тех, которые вы испытали, фантазируя. Поэтому вам следует заранее обсудить с партнером сценарий игры, а также договориться об условном сигнале, по которому партнер, занимающий доминирующее положение, должен остановиться.

Кроме того, вам обязательно надо обсудить с любимым правила игры, а также выяснить, что он считает приемлемым в подобных развлечениях, а что — нет.

Конечно, залогом удовольствия является не только соблюдение правил, но и ваше полное доверие к партнеру. Поэтому, если вы хоть немного сомневаетесь в нем, не включайте в сценарий свидания ролевые игры с элементами садомазохизма, а лучше ограничьтесь простой игрой в «больного и медсестру» или в «правонарушительницу и полицейского».

*Если вы хотите превратить свидание в настоящее приключение, подберите нужный наряд для предстоящей ролевой игры и позаботьтесь о том, чтобы выглядеть в нем сексуально, а также предложите любимому тоже облачиться в соответствующий его роли костюм.*

# Девять женских качеств, которые делают мужчину счастливым

*Если вы не доверяете партнеру, а он не доверяет вам, забудьте о романтических приключениях. Каким бы сильным ни было ваше желание устроить самое необычное свидание в своей жизни, оно никогда таковым не будет, если любимый просто увлечен вами и полностью вам не доверяет. Возможно, в отношениях с ним вы допускаете ошибки или просто не отвечаете тем требованиям, которые он предъявляет к вам. И если вы искренне желаете, чтобы избранник испытывал к вам настоящие чувства, посмотрите на себя со стороны: обладаете ли вы теми качествами, которые ценят в женщинах настоящие мужчины.*

**Обаяние.** Именно это качество привлекает мужчину в женщине, которую лишь с большой натяжкой можно назвать красавицей. Что такое обаяние? Это прежде всего способность очаровать мужчину, привлечь его внимание к себе. И нельзя сказать, что обаяние — это дар природы. Стать обаятельной многим женщинам помогает позитивное отношение к жизни, хорошее настроение, уверенность в себе и собственной неотразимости и, конечно, умение со вкусом одеваться.

**Красивое тело.** Не подумайте, что вам нужно срочно худеть или, напротив, набирать вес, делать пластическую операцию по увеличению груди или подвергать себя каким-либо другим малоприятным процедурам. У каждого мужчины свой взгляд на красоту женского тела. Одним нравятся стройные представительницы прекрасного пола, другим — полные, третьи без ума от женщин с широкими бедрами и большой грудью. Однако ни один мужчина не назовет красивым неухоженное женское тело. Поэтому не важно, чем одарила вас природа, а важно, как вы относитесь к этому дару, как заботитесь о нем.

**Красивое лицо.**
О красоте лица женщины, так же как и о красоте ее тела, у каждого представителя сильной половины человечества свое представление, поскольку очень часто красивой женщину делает взгляд влюбленного в нее мужчины. А вообще, чтобы быть красивой, достаточно считать себя таковой. Если вы будете уверены в собственной неотразимости, то и на самом деле станете неотразимой.

**Честность.** Когда первое впечатление о женщине у мужчины сложилось, то есть он оценил ее красоту и обаяние, он начинает искать в ней другие качества и, в первую очередь, честность. Ведь для серьезных отношений ему нужна не просто женщина-картинка, а друг, которому можно доверять во всем. Настоящие любовные отношения строятся не только на взаимной симпатии, но и на честности, искренности и доверии. Так что если вы хотите, чтобы избранник был честен с вами, будьте честны и вы с ним.

**Уважение.** Меньше всего мужчине нужна подруга, которая унижает его, выставляя полным идиотом, особенно на людях. Большинство представителей сильной половины человечества болезненно воспринимает любую критику со стороны женщин. Однако это не значит, что вы в любых ситуациях должны хвалить любимого. Конструктивное замечание, высказанное в правильной форме, мужчина воспримет совершенно спокойно. Ведь уважение в отношениях между партнерами проявляется не только в похвале, но и в критике, когда вы не замалчиваете проблемы, а открыто обсуждаете их.

**Чувство юмора.** Для большинства мужчин эта черта женского характера является наиболее ценной. Любому представителю сильной половины человечества нужна подруга, которая заставляет его улыбаться или смеяться даже тогда, когда дела

239

у него идут не самым лучшим образом. Ведь смех, как известно, — лучшее лекарство от депрессии. Не менее сильно мужчин привлекают женщины, которые понимают их шутки. Способность рассмешить любимую чрезвычайно льстит мужскому самолюбию.

**Ум.** Мужчинам, бесспорно, нравятся умные женщины. И если поведение какого-либо представителя сильного пола говорит об обратном, значит, он сам не отличается высокими умственными способностями.

**Целеустремленность и энергичность.** Настоящему мужчине нужна подруга, которая будет постоянно стимулировать его мышление и амбиции, не давая останавливаться на достигнутом. Каждая умная женщина знает, что все гениальные мужские замыслы рождаются в кругу семьи, рядом с любимой, а воплощаются в кабинетах и залах заседаний.

**Доброта.** Если мужчина ищет серьезных отношений, а не приключения на одну ночь, он выбирает женщину — ту, которая способна понять его, простить и принять таким, какой он есть.

## Кулинарное приключение

*Для свидания-приключения вы можете приготовить какие-либо необычные блюда, например салаты-фьюжн. На сегодняшний день фьюжн (fusion) — одно из самых модных направлений в кулинарии. Это микс различных мировых кухонь и технологий приготовления. Чтобы получить блюдо-фьюжн, вам не обязательно готовить клубнику с чесноком или мясо в шоколадном соусе — добавьте в традиционное кушанье какой-либо необычный ингредиент.*

Например, приготовьте курицу с апельсинами, телятину с изюмом или салат оливье с креветками и приправой карри. Ведь этот стиль не предполагает никаких правил и стандартов. Фьюжн предоставляет возможность фантазировать и экспериментировать. Любое блюдо этой кухни является произведением искусства, которое каждый кулинар творит самостоятельно.

## Мидии, запеченные с овощами

250 г замороженного мяса мидий, 3 клубня картофеля, 2 помидора, 2 маринованных огурца, 3 столовые ложки оливкового масла, 2 столовые ложки сухого белого вина, $1/2$ пучка зелени петрушки, соль.

Картофель очистите, вымойте, нарежьте соломкой и обжарьте в оливковом масле (2 столовые ложки).

Помидоры вымойте, нарежьте дольками. Огурцы нарежьте кружочками. Зелень петрушки вымойте.

Форму для запекания смажьте оставшимся маслом, выложите в нее мясо мидий, картофель, помидоры и огурцы. Посолите, полейте вином и поставьте в предварительно разогретую духовку на 20–25 минут. Готовое кушанье разложите по тарелкам, украсьте листиками петрушки.

## Камбала со стручковой фасолью

*650 г камбалы, 250 г замороженной стручковой фасоли, 1 вареная морковь, 2 лайма, 2—3 листа зеленого салата, 2—3 веточки петрушки, 2 столовые ложки оливкового масла, 2 столовые ложки муки, соль и перец.*

**Лаймы вымойте, половину одного плода нарежьте тонкими кружочками, из оставшихся выжмите сок. Подготовленную рыбу посолите, поперчите, полейте соком лайма и оставьте на 30 минут для маринования. По истечении указанного времени обваляйте рыбу в муке и обжарьте в оливковом масле. Фасоль отварите в подсоленной воде, откиньте на сито. Морковь очистите, нарежьте кружочками. Листья салата и петрушку вымойте. Камбалу выложите на блюдо, гарнируйте фасолью, украсьте кружочками лайма и моркови, листьями салата и петрушкой.**

## Салат из мяса и апельсинов

200 г жареной телятины, 150 г ветчины, 2 апельсина, 2 маринованных огурца, 70 г изюма без косточек, $1/2$ пучка зелени укропа, 1 столовая ложка оливкового масла, 1 столовая ложка лимонного сока.

Телятину, ветчину и огурцы нарежьте соломкой. Апельсины вымойте, очистите, разделите на дольки и разрежьте каждую вдоль на 2 части. Изюм переберите, тщательно вымойте и обсушите. Зелень укропа вымойте. Апельсины, телятину, ветчину и огурцы смешайте, добавьте оливковое масло и лимонный сок, перемешайте. Разложите салат по тарелкам, посыпьте изюмом и украсьте веточками укропа.

## Салат из курицы и грейпфрутов

*2 небольших грейпфрута, 300 г белого куриного мяса, 150 мл сухого белого вина, 150 г консервированной кукурузы, 2 столовые ложки растительного масла, соль.*

Куриное мясо промойте, положите в сотейник, посолите, залейте белым вином и тушите под крышкой на маленьком огне до готовности. Охладите, нарежьте небольшими кусочками. Грейпфруты вымойте, срежьте верхушки и аккуратно вырежьте мякоть. Нарежьте ее небольшими кусочками, предварительно удалив пленки. Смешайте куриное мясо, мякоть грейпфрута и кукурузу, полейте растительным маслом, перемешайте и разложите приготовленный салат по корзиночкам из грейпфрутов.

# Торжественная встреча

Вам предстоит торжественное свидание? Возможно, вы собираетесь отметить годовщину знакомства, свадьбы или еще какую-либо знаменательную дату в ваших отношениях с любимым. А, может, ваш избранник и не предполагает, что вы готовите для него торжественную встречу, собираясь завести разговор о ваших дальнейших отношениях, преподнести ему подарок или признаться в любви. В любом случае вы, скорее всего, тщательно продумываете сценарий встречи, свой наряд, а также праздничное меню. И, конечно, заботитесь о создании торжественной обстановки в квартире. Последнее сделать нетрудно. Главное — накрыть стол по всем правилам этикета, привести в порядок квартиру и оживить ее интерьер с помощью цветов, воздушных шаров и других элементов, создающих ощущение праздника.

## *Ваши представления об идеале*

*Если вы полны желания признаться своему избраннику в любви, это говорит о том, что в ответ вы ждете того же, а также планируете разговор, определяющий ваши дальнейшие отношения с любимым. Но является ли ваше чувство настоящим? Таким, которое способно выдержать любые испытания, или вы обманываете не только любимого, но и саму себя? Зачем строить отношения, заранее обреченные на неудачу? Прислушайтесь к своим ощущениям, проанализируйте все нюансы ваших взаимоотношений с любимым, и вы поймете, являются ли ваши отношения такими, какими вы оба хотите их видеть.*

Практически каждая представительница прекрасной половины человечества хоть раз в своей жизни задавала понравившемуся мужчине вопрос о том, каков его идеал женщины. Зачем? А затем, чтобы попытаться хоть немного соответствовать этому идеалу. Однако ответ на подобный вопрос чаще всего является неопределенным, невразумительным. Другими словами, добиться от мужчины ответа, который бы расставил все точки над «i», не удалось еще ни одной женщине. Впрочем, и вы вряд ли сможете четко, пункт за пунктом, обрисовать свои представления об идеальном для вас мужчине.

Как же стать идеальной для любимого или не ошибиться, выстраивая отношения с мужчиной, который, на первый взгляд, соответствует вашему идеалу? Многие люди даже не переживают по этому поводу, считая, что все это слишком сложно для понимания, другие уверены: чтобы понять, каков человек, необходимо некоторое время пообщаться с ним. И даже классическая психология не в состоянии ответить на этот вопрос, выдвигая теории, что все наши идеалы складываются из детских впечатлений, и женщины выбирают спутника жизни, похожего на их отца.

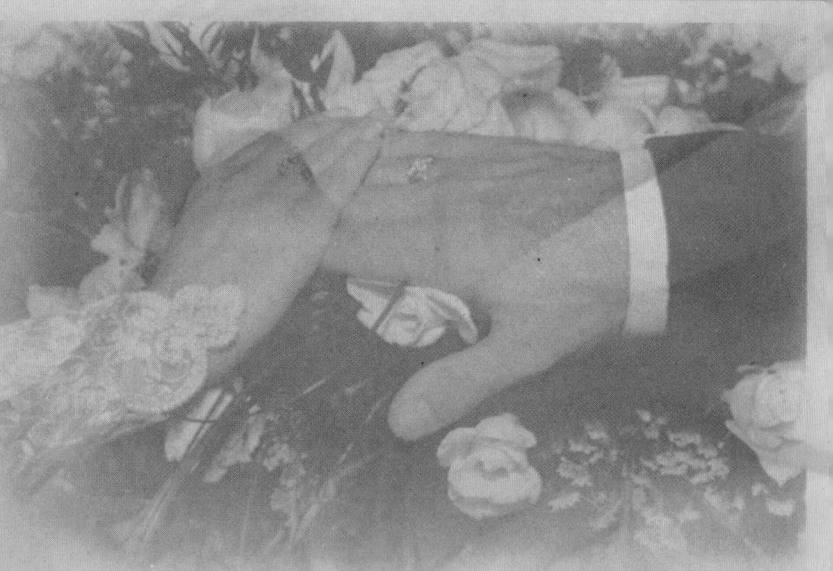

Такое тоже случается, но множество реальных фактов говорят об обратном: нередко человек выбирает партнера, являющегося полной противоположностью его родителю. Так как же понять, каков ваш идеал и соответствует ли ему ваш избранник?

В большинстве случаев идеальный образ мужчины, сложившийся в представлении женщины, не имеет ни привычек, ни характера, ни какой-либо определенной внешности, потому что он соткан из... ощущений. Тех чувств, которые привязаны к определенной картинке. Картинкой может быть юноша, который подарил вам ощущения первой любви, мужчина, к которому вы пылали когда-то страстью, просто случайный знакомый... И не важно, какой образ стоит у вас перед глазами, а важно, какие чувства вы испытываете, представляя его и наделяя идеальными чертами. Другими словами, идеал — это не более чем ощущения, которые вы хотите испытывать в отношениях с избранником. Это радость, взаимопонимание, принятие вас такой, какая вы есть, уверенность в партнере и многое-многое другое. Именно к этим чувствам вы привязываете образ мужчины, который когда-то дарил вам нечто похожее или, по вашим представлениям, мог бы подарить.

Ваш идеал может иметь любую внешность, манеры, привычки, характер, воспитание и образование, важно лишь то, какие чувства он у вас вызывает, какие способен подарить ощущения. Поэтому, чтобы понять, являетесь ли вы и ваш любимый идеальной парой, надо честно ответить себе на вопрос: «Способны ли вы подарить друг другу те чувства, в которых каждый из вас нуждается?».

## Признание в любви

*Торжественное свидание является прекрасным поводом для признания в любви. Уже сама его романтично-праздничная обстановка располагает к этому.*

Даже если вы уже говорили избраннику эти три заветных слова, вам ничто не мешает сказать ему об этом еще раз или написать. Любовное письмо — это очень романтично. Представьте, как загорятся глаза вашего любимого, когда он, получив от вас подарок по случаю торжества, обнаружит под красочной оберткой не только вещь, о которой он давно мечтал, но и самое романтическое письмо в своей жизни — ваше любовное послание!

Для того чтобы написать проникновенное любовное письмо, необязательно обладать литературным талантом. Вам нужно лишь отлично разбираться в своих ощущениях, чтобы донести их до адресата. Вы должны показать любимому, насколько хорошо вы его знаете, а также постараться раскрыть всю глубину своих чувств.

Начать письмо вы можете так, как вам нравится, главное, чтобы обращение содержало имя вашего любимого. После этого напишите о каком-нибудь качестве, которое вы цените в нем. Например, «Я впервые в своей жизни встретила такого доброго, умного и сильного мужчину, как ты...» Это покажет ему, что вы цените его намного больше, чем тех, кого когда-либо встречали раньше. Затем расскажите, что именно вы чувствуете по отношению к любимому, и какие его поступки заставили вас испытать эти ощущения. Можете даже обратиться к конкретным примерам. Они покажут, какое значение вы придаете вашим отношениям.

Обязательно поделитесь с избранником своими надеждами на ваше совместное будущее и не забудьте написать о том, что вы его любите. Неважно, будет ли ваше письмо коротким или длинным, главное, чтобы оно было искренним.

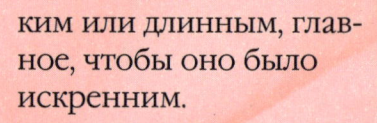

## Блюда для торжества

Для торжественных случаев следует готовить праздничные блюда. Вы можете выбрать лучшие рецепты кухни народов мира или приготовить те кушанья, которые традиционно подают в праздник. Постарайтесь учитывать при этом не только свои вкусы, но и кулинарные пристрастия своего любимого.

*Для любовного письма не стоит использовать бумагу, украшенную сердечками, розочками или купидончиками. Многим мужчинам это кажется слишком пошлым. Лучше всего взять простую белую, достаточно плотную бумагу.*

## Закусочный торт из печени

*500 г говяжьей печени, 2 моркови, 2 луковицы, 2 яйца, 5 столовых ложек растительного масла, 5 столовых ложек майонеза, 3 столовые ложки муки, 1 огурец, 1 помидор, 1 редис, 4—5 маслин без косточек, 1—2 веточки петрушки, соль и перец.*

Морковь и лук очистите, вымойте. Лук мелко нарежьте, морковь натрите на крупной терке. Спассеруйте морковь и лук в растительном масле (2 столовые ложки), посолите. Огурец, помидор, редис и петрушку вымойте. Помидор нарежьте ломтиками, огурец – фигурными ломтиками. Редис разрежьте пополам по зигзагообразной линии. Печень промойте, удалите пленку, нарежьте кусочками и пропустите через мясорубку. Смешайте с яйцами и мукой, посолите, поперчите. Приготовленную смесь выливайте небольшими порциями на разогретую сковороду с оставшимся маслом и жарьте коржи с обеих сторон по 2–3 минуты. Уложите коржи друг на друга, смазав каждый майонезом и прослоив спассерованными овощами. Украсьте торт редисом, маслинами, ломтиками огурца и помидора и листиками петрушки. Поставьте его на 2–3 часа в холодильник, чтобы он хорошо пропитался.

## Теплый салат из цветной капусты

*350 г цветной капусты, 2 помидора, 1 луковица, 1/2 пучка зелени петрушки, 50 г маслин без косточек, 2 столовые ложки оливкового масла, соль.*

Капусту вымойте, разделите на соцветия, положите на 2 минуты в кипящую подсоленную воду, откиньте на сито. Помидоры вымойте, нарежьте кусочками средней величины. Зелень петрушки вымойте, измельчите. Лук очистите, вымойте, нарежьте кольцами и жарьте вместе с капустой в оливковом масле 5–6 минут, периодически помешивая. Добавьте помидоры, посолите, перемешайте и сразу снимите с огня. Разложите приготовленную смесь по тарелкам, украсьте маслинами и посыпьте петрушкой.

## Морской окунь, запеченный с фруктами

*500 г морского окуня, 150 г чернослива без косточек, 2 мандарина, 1 лимон, 1 пучок зеленого лука, $1/2$ пучка зелени петрушки, 2 столовые ложки оливкового масла, 2 горошины душистого перца, соль.*

Лимон вымойте, половину нарежьте кружочками, из второй выжмите сок. Мандарины вымойте, очистите, разделите на дольки. Чернослив, петрушку и зеленый лук вымойте. Несколько перьев зеленого лука и веточек петрушки оставьте для украшения, остальное измельчите.

Подготовленного окуня посолите, положите в форму для запекания, полейте лимонным соком и оливковым маслом, добавьте душистый перец и поставьте на 15 минут в предварительно разогретую духовку. Добавьте чернослив, мандарины и лимон, запекайте еще 5–7 минут. Выложите на тарелку, украсьте петрушкой и зеленым луком.

## Торт «Фруктовый»

*350 г песочного теста, 250 г творога, 100 мл жирных сливок, 2 яйца, 4 столовые ложки сахара, 2 столовые ложки сахарной пудры, 3 киви, по 50 г клюквы и черной смородины.*

Яйца взбейте с сахаром, добавьте сливки и протертый через сито творог, тщательно перемешайте. Тесто раскатайте в круглый корж, положите его в форму для торта, сверху выложите творожную массу. Поставьте в предварительно разогретую духовку на 25–30 мин. Готовый торт охладите и выньте из формы. Клюкву, смородину и киви вымойте. Киви очистите, нарежьте тонкими ломтиками. Посыпьте поверхность торта сахарной пудрой, украсьте ломтиками киви, ягодами смородины и клюквы.

# Содержание

**ВВЕДЕНИЕ**

**ПУТЬ К СЕРДЦУ...**
Секреты эротической кухни ........................................... 4
Формула любви ................................................................ 9

**ПЕРВОЕ СВИДАНИЕ**
Предварительная подготовка ...................................... 11
Столовый этикет и романтическая атмосфера ......... 13
Романтический гороскоп .............................................. 20
Кулинарный приворот .................................................. 24

**СВИДАНИЕ В ВОСТОЧНОМ СТИЛЕ**
Атмосфера восточной неги .......................................... 29
Чарующие восточные ароматы ................................... 31
Чувственный восточный танец ................................... 32
Восточный эротический массаж ................................. 33
Тайны восточной кухни ................................................ 35
Традиции праздника ..................................................... 39

**ДЕНЬ СВЯТОГО ВАЛЕНТИНА**
Язык цветов ..................................................................... 41
Подарки для любимого ................................................. 42
Праздник в подарок ...................................................... 44
Блюда-валентинки ......................................................... 45

**СВИДАНИЕ В СТИЛЕ РЕТРО**
Обольщение в стиле ретро ........................................... 50
В ритме танго .................................................................. 54
Романтические забавы ................................................. 55
Ретро-ужин ...................................................................... 56

**СВИДАНИЕ В ЯПОНСКОМ СТИЛЕ**
Японские мотивы в интерьере .................................... 61
Звуки флейты и сямисэна ............................................. 62
Японские благовония .................................................... 63
Любовные традиции ..................................................... 64
Японский любовный гороскоп .................................... 65
Застольный этикет ......................................................... 71
Японские кулинарные традиции ................................ 72

**ФРАНЦУЗСКОЕ СВИДАНИЕ**
Обольщение по-французски ........................................ 77
Макияж без ошибок ....................................................... 79

Волшебство французского поцелуя ..................... 82
Гороскоп гурмана ..................... 83
Французская кухня ..................... 89

## ЭРОТИЧЕСКОЕ СВИДАНИЕ
Возбуждающий массаж ..................... 94
Любимый цвет и сексуальность ..................... 98
Эротический гороскоп ..................... 101
Блюда-афродизиаки ..................... 106

## СВИДАНИЕ НА ПРИРОДЕ
Романтический пикник ..................... 113
Игры для влюбленных ..................... 114
Учитесь говорить мужчине комплименты ..................... 115
Блюда для пикника ..................... 117

## ИТАЛЬЯНСКОЕ СВИДАНИЕ
Встреча по-итальянски ..................... 123
Как не обидеть мужчину подарком ..................... 125
Серенады и зажигательная тарантелла ..................... 127
Кулинарные традиции Италии ..................... 127

## СВИДАНИЕ-МАСКАРАД
Подготовка костюма ..................... 133
Как стать королевой бала ..................... 135
Блюда для фуршета ..................... 138

## СВИДАНИЕ-СЮРПРИЗ
Сюрприз по гороскопу ..................... 144
Эротический сюрприз ..................... 147
Кулинарный сюрприз ..................... 150

## ПРАЗДНИЧНОЕ СВИДАНИЕ
Атмосфера праздника и любви ..................... 155
Свет мой, зеркальце... ..................... 156
Десерт для любимого ..................... 157
Праздничный стол ..................... 162

## НОВЫЙ ГОД ВДВОЕМ
Волшебство новогодней ночи ..................... 166
Подарки от Снегурочки ..................... 167
Подарок по... ..................... 168
Сияние красоты ..................... 169
Романтические развлечения ..................... 171
Чтобы наступающий год был удачным... ..................... 172
Новогодний стол ..................... 175

## КЛАССИЧЕСКОЕ СВИДАНИЕ
Рандеву в классическом стиле ........................................ 182
Классика XXI века ........................................................... 184
Когда тайное становится явным ................................... 185
Классический ужин ......................................................... 187

## ЛАТИНОАМЕРИКАНСКОЕ СВИДАНИЕ
Чашечка кофе с... ............................................................ 192
Тактика обольщения по-латиноамерикански ............. 194
Зажигательная латина .................................................... 195
Блюда латиноамериканской кухни ............................... 196

## СВИДАНИЕ ПОСЛЕ ВЫПУСКНОГО БАЛА
Впервые наедине ............................................................. 202
Чего не терпит любовь .................................................... 204
Приглашение на чашечку кофе ..................................... 205
Десерт к чашечке кофе ................................................... 207

## СВИДАНИЕ ПО-ИСПАНСКИ
Любовные традиции Испании ....................................... 213
Стихия фламенко ............................................................. 215
Как узнать секреты любимого ....................................... 215
Испанская кухня .............................................................. 217

## ВЕЧЕРИНКА ВДВОЕМ
Когда форма имеет значение ......................................... 224
Искусство красиво пить .................................................. 225
Гороскоп алкогольных предпочтений ......................... 226
Четыре типа мужского поцелуя .................................... 228
Секреты приготовления коктейлей .............................. 229

## СВИДАНИЕ-ПРИКЛЮЧЕНИЕ
Ролевые игры ................................................................... 236
Девять женских качеств, которые делают мужчину
счастливым ....................................................................... 238
Кулинарное приключение ............................................. 240

## ТОРЖЕСТВЕННАЯ ВСТРЕЧА
Ваши представления об идеале ..................................... 245
Признание в любви .......................................................... 247
Блюда для торжества ...................................................... 248

*Издание для досуга*

**Нестерова** Дарья Владимировна
**РОМАНТИЧЕСКАЯ КУХНЯ**

Генеральный директор *Л.Л. Палько*
Ответственный за выпуск *В.П. Еленский*
Главный редактор *С.Н. Дмитриев*
Редактор *О.Г. Рогов*
Корректор *Е.В. Жмурова*
Компьютерная верстка *А.А. Курмышов*
Разработка и подготовка к печати
художественного оформления *Е.А. Забелина*
Фотографии производства студии «М-Пресс»

ООО «Издательство «Вече 2000»
ЗАО «Издательство «Вече»
ООО «Издательский дом «Вече»
129348, Москва, ул. Красной Сосны, 24.

Гигиенический сертификат
№ 77.99.02.953.Д.008287.12.05. от 08.12.2005 г.

E-mail: veche@veche.ru
http://www.veche.ru

Подписано в печать 29.12.2006. Формат 84×108$^1$/$_{16}$.
Бумага офсетная. Гарнитура «GaramondC». Печать офсетная.
Печ. л. 16. Тираж 17 000 экз. Заказ № 9505.